U0109742

基督教文化研究丛书

主编 何光沪 高师宁

七编 第 9 册

人文学的文化逻辑
——形上、艺术、宗教、美学之比较（修订本）（下）

查常平 著

花木兰文化事业有限公司

国家图书馆出版品预行编目资料

人文学的文化逻辑——形上、艺术、宗教、美学之比较（修订本）
（下）／查常平 著 –– 初版 –– 新北市：花木兰文化事业有限
公司，2021〔民110〕
目 6+154 面；19×26 公分
（基督教文化研究丛书 七编 第9册）
ISBN 978-986-518-380-6（精装）
1. 人文学 2. 文化研究
240.8 　　　　　　　　　　　　　　　　110000574

ISBN-978-986-518-380-6

9 789865 183806

基督教文化研究丛书
七编　第九册　　　　　　　ISBN：978-986-518-380-6

人文学的文化逻辑
——形上、艺术、宗教、美学之比较（修订本）（下）

作　　者 查常平
主　　编 何光沪 高师宁
执行主编 张　欣
企　　划 北京师范大学基督教文艺研究中心
总 编 辑 杜洁祥
副总编辑 杨嘉乐
编　　辑 许郁翎、张雅淋　美术编辑 陈逸婷
出　　版 花木兰文化事业有限公司
发 行 人 高小娟
联络地址 台湾235 新北市中和区中安街七二号十三楼
　　　　　 电话：02-2923-1455／传真：02-2923-1452
网　　址 http://www.huamulan.tw 信箱 service@huamulans.com
印　　刷 普罗文化出版广告事业
初　　版 2021年3月
全书字数 244783 字
定　　价 七编9册（精装）台币 22,000 元　　　　版权所有 请勿翻印

人文学的文化逻辑
——形上、艺术、宗教、美学之比较（修订本）（下）

查常平 著

第三章　先验艺术论

符号的有限性

卡西尔把符号同信号相区别，认为符号是人类意义世界的一部分，为"指称者"，有功能性价值；信号是物理存在世界的一部分，为"操作者"，随物体消失。符号的功能，是将物纳入名称的域值，让个别性的物因为符号的附加获得普遍性意义。它代表人对事物的一种价值评价，因为它意味着一个心灵、一个生命、一次力的冲动的出现。借助符号的功能，人发展出一种分离关系的能力——判断力。[1]卡西尔关于符号的规定性，内含两个方面：一是符号用以差别个别事物，即通过名称将个别事物之间彼此差别；一是人对事物进行评价进而构造人类的意义世界。前一方面集中体现在科学对应性符号的应用中，后一方面以形上感应性符号为典型。无论科学概念还是形上观念的符号，其能指与所指或音响形象与指称实体之间始终存在间隔，尽管它们要求自己必须和对象有对应的或感应的关系。在终极意义上，科学知识图景中的原初概念与个别形上体系中的原初观念，无不依存于在上的终极差别（或普遍自我）的在下承诺。

符号的隔在性，是普遍自我以原初形式在下承诺艺术这种精神样式的原因。形上思者的原初观念，尽管还是普遍自我的一种精神样式，但普遍自我

1　参看恩斯特·卡西尔：《人论》，甘阳译，上海：上海译文出版社，1986 年，第 35-53 页。

绝不仅仅是观念性的。况且，观念性的符号，毕竟存在能指与所指的间隔，这种间隔由人的发声来缩短。所以，符号同人的听说活动相关。科学的对应性概念、形上的感应性观念，既指向其所指本身，又不完全是其所指本身。它们的意涵，依赖于符号发声者的阐释。当利用这种语言去承受普遍自我的在下承诺时，承受者和承诺者的间隔便显明出来。"我所理解的东西，都通过我的单纯理解，变成了有限的事物；这种有限的事物即使用无限提高、无限上升的方式，也决不会被人们转变为无限的事物。你（指上帝或无限者——引者注）与有限事物的差别，不在于程度，而在于种类。"[2]无限的上帝之所以是无限的，因为祂不可能有限化为个别有限的对象，因为祂能无限地个别化，不但使用观念的、概念的符号语言，而且直接对象化为象征性的形式。一旦人只用符号来理解上帝这个普遍自我，人同上帝的差别借助符号的隔在性便昭然若揭。有限的人和无限的上帝之间存在永恒的间距。上帝认识人，人反而不认识上帝，甚至否定祂的存在。"你**知道**和**认识**到我思考和希求什么；但是，你**怎么**能知道我思考和希求什么，**你**用哪种活动产生了这类意识，我却不了解，虽然我甚至很清楚地知道，关于一种活动，尤其是关于一种特殊意识活动的概念，仅仅对我有效，而对你这位无限者则无效。**你有希求**，因为你希望我的自由听从永远有结果；但是，我不理解你的意志的这种活动，而只顶多知道这活动与我的活动不相同。**你有行动**，而且你的意志本身就是行动；但是，你的活动方式与我唯一能设想的活动方式简直完全相反。你**有生命，并且是存在的**，因为你的知识、希求与活动对有限理性无所不在，无时不在；但是，**你**的存在却不同于我永远唯一能设想的那一种存在。"[3]这里，费希特在符号语言体系中所体验到的人同上帝的间隔，恰恰是符号语言的能指与所指之间的间隔所致。符号永远是人附加在对象上的产物而非对象的自我呈现、自我展示。在用符号探索外在自然的真理和内在自我的意义时，人在对应性的或感应性的过程中引渡自己的生命。真理是人的符号和外在自然的对应，意义是人的符号与内在自我的感应。它们是人在发声中共同约定的产物，以此给予自然图景及心灵图景以秩序。所以，符号和对象的关系是附加的。在符号背后，隐存着一个自在永在的实体。科学、形上，对此只能在承

---

2 费希特：《论学者的使命 人的使命》，梁志学、沈真译，北京：商务印书馆，1984年，第 203 页。

3 同上，第 204 页。

受它的在下承诺中不完全地认识它。而艺术能够用形式把它展示出来。通过后景置入符号语言，人直接展示实体的各种形式。在语言的象征功能中，人完成了自己与实体的交通。在达致永恒价值世界的路径中，除了理性的、感性的，还有意性的即行动与信仰的路径。在其中，人不问什么，也不念什么，直接按照普遍自我的意志生活，跟从它的呼声和宣告。人利用语言的指使功能介入普遍自我的存在，审美与宗教，就走在这条路上。总之，人与普遍自我的关系，通过语言来达成；语言的不同功能，建立了人与它的不同关系。以象征性语言为中介的艺术，是在形上、宗教之外对人与普遍自我的关系的形式性展示。

艺术的非符号性

符号与象征的差别，不但是理性文化与感性文化的差别，而且是形上语言与艺术语言的差别性标志。没有感应性符号语言的阐释，形上思者将无从展开自己的形上之思；没有感觉性象征语言的呈现，艺术爱者也无法展示自己的艺术之爱。相反，以符号代替象征，并用它来规定艺术的内涵，正是理性文化神化自身的必然产物。所谓理性文化的神化，指人类历史上出现的以理性文化的对象、语言、使命取代感性文化、意性文化的思潮。这种思潮包括如下的理念：理性的我思的生命理智、符号语言、理性我的确立，乃是个体生命的全部可能性。个体生命，在存在的主体化本源中只有我思而无我爱、我为的向度，在客体化本源中只能选择生命理智而不能以生命情感、生命意志为中介。生命理智所运用的符号语言，便是个体生命存在者的所有在场语言，它构成自然的概念性知识图景及自我的观念性心灵图景，成为个体生命的一切使命。苏珊·朗格的艺术定义，部分带有理性文化神化的阴影。她说："艺术，是人类情感的符号形式的创造。"[4]符号的功能是逻辑意义上的、非生物学意义上的表现，优秀艺术实现了真实的表现，差的艺术表现是虚伪的，拙劣的艺术表现则是失败的。[5]这里，关于差的艺术、拙劣的艺术的区别，依赖于她关于优秀艺术的定义。从以"符号形式"理解艺术到用真实的表现规定"符号"，无不显示出理性文化神化思想的余音。符号不只内含能指与所

4　参看苏珊·朗格:《情感与形式》, 刘大基、傅志强译, 北京: 中国社会科学出版社,
　　1986 年, 第 51 页。

5　同上, 第 440 页。

指两个方面，而且，一旦能指和所指存在对应关系，符号便是真实的关于对象的符号。这是价值逻辑论在探究科学的使命、语言、对象时对科学的差别性言说。如果把符号当作艺术内涵的一部分，艺术就必然存在表现是否真实的问题。不过，由于艺术以生命情感为对象，生命情感的流走性使艺术表现失去了检验其真实性的尺度及可能性。艺术表现的真实性，不可能像科学陈述中的真实性那样能够普遍地被检验。而且，某种艺术表现对于你可能是真实的表现，但对于我就不一定是真实的表现。这样，它便失去了真实性的根基。没有艺术家会说自己的表现不是真实的，即便是那些表现虚伪对象的艺术家，或表现得虚伪的艺术家，也必须表现得真实。这样，优秀艺术与差的艺术、拙劣的艺术之间就失去了分界。

关于艺术的符号性规定，还暗含一种艺术即技艺的结论。这也是在理性文化的神化思想主宰下的古希腊人关于艺术的定义。既然作为理性文化的一种构成部分的哲学（这种哲学已显示出形上倾向）在古希腊人的生命存在中是神圣的，那么，以技艺理解艺术从而取消艺术作为个别精神样式的可能性乃是必然的。的确，无论摹仿还是表现，只要把艺术形式规定为一种符号形式，艺术创作中就存在一个如何表现、如何摹仿的技艺问题。艺术哲学中的技艺论、表现论、符号论，是以哲学乃至形上的语言、对象、使命审视艺术的必然产物。

在关于艺术的符号性规定中，苏珊·朗格还申明过表现即象征。[6]对她来说，表现是符号化的过程，是把人类情感象征出来的活动。用象征确定表现，这和她把艺术定义为"人类情感"的创造相关。生命情感的流走性，决定了它的在场方式是象征的、非符号的。离开象征性形式，艺术爱者（艺术家，艺术接受者）便无从持守自己的生命情感。象征性形式，是艺术爱者进入艺术的语言中介。象征，即指称实体本身意象性地展开的视觉形象。艺术家创造的，正是其个体生命情感的象征性形式；艺术接受者所接受的，还是他在接受艺术形式中重构的关于自己的生命情感的象征性形式。相反，符号要求能指与所指在概念上或观念上一一对应，用符号表现情感就需要每一个个别情感对应于一个符号。

---

6 参看苏珊·朗格：《情感与形式》，刘大基、傅志强译，北京：中国社会科学出版社，1986年，第52页。

　　然而，生命情感内在的流走性使其拒绝追求对应。这意味着：在以符号表现情感的过程中，必然出现言不尽意的现象。任何技巧、任何符号，都无法真实表现流走的生命情感。如果把艺术语言理解为符号语言，符号语言对生命情感的表现就存在内在的无能。况且，一种艺术形式，也许会因没有表现艺术接受者的生命情感而被感觉为不真实；但是，对艺术创作者言，它正好表现了他自己的生命情感而是真实的。这样，艺术的真实性又由什么来确立呢？表现技巧的优劣由谁来评判呢？

　　以上问题出现的前提，是艺术语言的符号性。只要将艺术诠释为一种符号形式，情感的表现、表现的真实性及技巧的优劣，就成为它的推论。这些关于艺术的规定性，和艺术以彼岸的生命情感为对象这种内在性相矛盾。在生命情感与艺术形式之间的中介，是艺术的象征性语言。任何优秀的技巧，都创造不出优秀的艺术作品。因为，艺术作品不是艺术技巧的产物，而是艺术精神的样式。苏珊·朗格的艺术定义，在关于艺术以人类情感为对象这点上有其价值。但是，她将"符号性"纳入艺术的规定性中，这又导致艺术语言与艺术对象之间的内在不协调。彼岸的生命情感的在场方式，是象征性的、非符号性的。艺术形式和作为艺术对象的生命情感，没有符号性的一一对应关系。两者只有象征性的关系。艺术爱者进入艺术存在，靠的不是他的理解力，乃是他对生命情感及其象征性形式的感觉力。

　　另外，苏珊·朗格的艺术定义，还涉及人类情感的创造问题。没有艺术爱者对生命情感的创造，就没有艺术。艺术家的工作，就是创作生命情感的象征形式。无论艺术的书写还是接受，其对象都是非现成性的。艺术这种精神样式，不存在于现实世界中。不管是事实性的自然界还是心理性的意识界，其中都没有艺术精神。艺术借助艺术爱者创造一种不同于陈述性符号语言的象征语言形式。艺术通过象征性语言，把个体生命情感纳入人类情感。个体生命在艺术书写、艺术接受中，只不过是把先验植入于意识生命体中的艺术精神展示出来。当然，这种活动，不能停留在苏珊·朗格对艺术的人类情感的强调上。作为艺术对象的人类情感，始终是个体生命情感。艺术所流射的、所替代的，正是个体生命情感的象征性形式。在此意义上，艺术即人的彼岸化的生命情感以感觉性象征语言为中介向形式而去的活动。这种去的过程，展示为一个期待性的文本世界——艺术品和一个活动性的文本世界——艺术家。前者期待人类中的艺术爱者进入，后者在其存在中被接纳为人类中的一员。

苏珊·朗格在反驳自然主义对艺术的影响后，陷入了符号语言学在理解艺术语言时的错位境地。其实，不管是自然主义关于艺术即经验的观点还是符号学的艺术即人类情感创造性符号形式的定义，两者都基于理性文化的神化背景。神化的理性文化，用符号语言陈述一切，用人的生命理智的客观化产物——自然主义、科学主义——的成就审视人的生命情感及生命意志的界域，使人的生命情感在这种审视中被生命理智所代替。不过，在把音乐当作一种"不完全符号"的时候，在以象征情感的作品的实现为创造的规定性的时候，在拒斥"不艺术即经验"的时候，苏珊·朗格处于接近艺术的定义之途中；但是，在认为符号与其象征事物间具有某种逻辑联系的时候，在提出一件艺术品不是材料的安排而是情感符号的时候，她又背离了艺术。由于受到理性文化的神化思想的潜在影响，她认为造型艺术在利用空间紧张和空间解决投射生命情感于非时间性的幻象中，表现出的是对情感的认识而非感觉；[7]在回答艺术接受者通过什么样的手段理解艺术符号的意义时，她当然会提出通过最基本的直觉的理性活动。[8]既然艺术是人类生命情感的创造，那么，造型艺术又为什么是对情感的认识呢？既然艺术创造是人类的一种情感活动，那么，作为这种创造的结果的艺术文本，又怎么能够借助直觉的理性活动来理解呢？这些难题出现的原因在于：她对作为艺术对象的生命情感和作为形上对象的生命理智及其相应的象征性文本与符号性文本之间的差别性缺少意识。生命理智所赴身的符号性文本，只有在被陈述、被认识即在理性功能的支配下被创造，是按照理智的法则组成的一个符号可分体系；生命情感所托付的象征性文本，只有在被展示、被感觉中（不是在被陈述、被认识中）依循感性功能而被创造，它是人的生命情感自我展示的形式，其本身就是一个不可分割的基本单位，人只能感觉它的存在。人无论创作还是接受一件艺术品，需要的都是对生命形式的感觉而不是对生命观念的认识。艺术形式告诉我们的并不是什么，而在于引导我们去感觉其构成样式。艺术语言的感觉性，迫使人以感觉的方式面对艺术品。在艺术品面前，人的阐释往往是他附加于艺术品的观念而非对艺术品所展示出的艺术形式的把握。并且，能够被认识的艺术品，其生命力必然有限；伟大的艺术品，就是那些永远不

7　参看苏珊·朗格：《情感与形式》，刘大基、傅志强译，北京：中国社会科学出版社，1986年，第429-432页。

8　同上，第43页。

能被认识只能被感觉的艺术文本，就是那些在认识中具有多重意义的文本。艺术爱者在对艺术品的爱中，感觉到自己的生命形式的另一种可能性。

艺术的非直觉性

艺术不但拒绝任何符号性的规定，而且没有任何直觉性的内涵。假如承认艺术的对象是人的生命情感，那么，直觉便不是企及艺术的生命情感的中介。因为，直觉是人的生命意志直接对某种东西的觉悟。它既不需要符号性的概念、观念，也不求助于象征性形式。它在语言上依存指使性语言对生命意志的审美指使。在指使性语言中，能指与所指完全同一，无需音响形象与指称实体间的听说活动、视觉形象与指称实体间的读写活动的介入。直觉者即被直觉到的对象本身。审美中物我两忘的境界，就是因为审美直觉语言的指使性所致。指使语言将审美主体与审美客体的间距取消、融合一体，此外并不产生艺术形式之类的东西。只要在直觉中有任何附带物如艺术形式的流出，直觉者就还没有进入真正的直觉。直觉在审美活动中创造的，除了直觉者本身的心境外没有别的。

在把直觉同知觉相差别的时候，克罗齐阐明了直觉的这种直觉者与直觉对象合一的根本规定性。他说："对实在事物所起的知觉和对可能事物所起的单纯形象，二者在不起分别的统一中，才是直觉。在直觉中，我们不把自己认成经验的主体，拿来和外面的实在界相对立，我们只把我们的印象化为对象（外射我们的印象），无论那印象是否是关于实在。"[9]不过，直觉者在直觉中，一旦还有外化自己的印象的活动，他就还没有进入直觉状态。克罗齐的直觉观念，同知觉、感受相差别又相关联。在他看来，直觉必须有表现，直觉就是表现，"必须以某一种形式的表现出现，表现其实就是直觉的一个不可缺少的部分"。[10]正是由于直觉中的表现或形式的出现，把直觉与感受相差别。诚然，艺术不能没有形式，也不能不要表现。但是，如果直觉者在直觉中还想到如何表现、如何将印象化为对象，直觉在此意义上，还有前知性的性质，还未完全脱离知觉的规定性。实际上，直觉区别于感受的地方，不在于是否有形式，而在于两种活动背靠不同的存在本源。直觉是人在生命意志的指使下，直接把人推入存在的活动。感受的本源来自生命情感。直觉所成就

9　克罗齐：《美学原理》，朱光潜译，北京：外国文学出版社，1983年，第10页。
10　同上，第15页。

的，只是直觉者这个形式本身，或为人的审美存在本身。直觉者在直觉中，其生命意志同直觉对象融合无间。任何对形式、意象、表现的意识，都将阻止直觉活动的发生。与克罗齐把直觉同知觉、概念的区别相比，苏珊·朗格却无明于直觉和它们的根本不同。在她看来，人通过逻辑性的直觉释读艺术符号的意义。直觉为洞察复杂整体的过程，它发现形式。这种在对直觉的意识中赋予理性的规定，同苏珊·朗格将艺术定义为一种符号形式的创造相关。因为，符号恰恰是理性的言说方式。

不过，无论苏珊·朗格的艺术定义还是克罗齐的"艺术即直觉"的规定，都涉及艺术的形式性内涵。事实上，艺术在艺术书写、艺术接受、艺术文本中内在一贯的正是它的形式性。不仅如此，这种形式还有象征性。只有形式的东西如地图，它不是艺术。"在艺术中一切都是象征的，因为一切都是形象的。但是如承认象征可分离独立，一方面是象征，一方面是所象征的东西，我们又回到理智主义的错误了。"[11]象征的这种特性，克罗齐把它当作艺术的唯一基础。但是，对克罗齐言，象征只是在与表现同义的意义上才成为艺术的一个规定性，而不是艺术语言的根本特征。

克罗齐的艺术即直觉、直觉即表现的思想，主要是从艺术语言的角度审视艺术。对这些观念的相关性直观而非差别性直观，是克罗齐阐释艺术内在性的认识方式。无论艺术、直觉、表现之间的相关性多么紧密，但其差别性远胜于它们的相关性。既然艺术不是物理的事实，不是功利、道德实践活动，不是概念知识，那么，艺术在什么意义上能说成是直觉呢？依据什么直觉又过渡为表现呢？只要将直觉、表现理解为意识生命体的、同概念认识相区别的心理的一种认识活动而不同于传达，这就会导致艺术与艺术书写、艺术接受及艺术文本无关的结论。当然，艺术同它们不是没有差别。但是，它们却是艺术的现象。避开这些艺术现象，人就无法企及艺术家的心理和规定艺术家差别于形上家、宗教徒的精神样式本身。

关于艺术这种精神样式，到此为止，我们指明了艺术的非符号性和非直觉性。苏珊·朗格以符号解明艺术和克罗齐以直觉定义艺术，主要是对艺术语言的反思。然而，直觉却是审美的语言特征，符号是科学与形上的语言规定性，两者同艺术并没有内在的关联。在语言上，艺术和伦理有着根本的相

---

11 克罗齐：《美学原理》，朱光潜译，北京：外国文学出版社，1983年，第42页。

关性，虽然艺术语言是感觉性象征性的，伦理语言是感受性象征性的。艺术和伦理，一同构成感性文化的两种样式。

艺术只是"有意味的形式"吗？

艺术不但在对象、语言上同形上、宗教有别，而且在使命上也有独立的差别规定性。正是艺术独有的对象、语言、使命的差别性，决定它作为一种承受在上的普遍自我的精神样式的个别性。克莱夫·贝尔的艺术定义，恰好是从艺术使命方面着手阐发一切艺术作品的共同性。

艺术是有意味的形式，这便是贝尔的艺术定义。"在各个不同的作品中，线条、色彩以某种特殊方式组成某种形式或形式间的关系，激起我们的审美感情。这种线、色的关系和组合，这些审美地感人的形式"，即是"有意味的形式"。[12]值得注意的是：贝尔的艺术定义内含两个方面，一是艺术的形式性，一是艺术的有意味性。艺术形式必须有意味，即能唤起我们的审美感情而不是传达某种思想和信息。后者被贝尔归为"叙述性绘画"。[13]艺术品与非艺术品的差别，就在于它们的形式是否有意味，在于这种形式是否触动我们的审美感情。正是在这个意义上，原始艺术才是非叙述性的。其中，没有精确的再现，没有为再现而在技术上的装模作样，唯有打动人的生命情感的有意味的形式。既然艺术中没有叙述性的成分，那么，所叙述的对象就不再是艺术家表现的对象。换言之，按照贝尔的艺术定义，艺术并不以再现为特征。"再现往往是艺术家低能的标志。"[14]因为创造不出能唤起审美情感的形式，所以，再现型艺术家只有在创作中借助再现表达现成的生活情感。要是艺术家在艺术创作中始终想到再现的对象和再现的技巧，艺术创作就不再是一种创造性的活动。"任何为了追求在一个作品中再现现实所做的努力都会相应地减少那个作品的艺术价值。"[15]艺术不以现实生活情感为本源，艺术的本源必然就在人的存在本源中，在创造者的生命情感中。被创造的形式能够唤起艺术接受者的审美情感，乃是由于这形式表现了艺术创造者内在的生命情感。"有意味的形式把其创作者的感情传达给我们，而'美'则不传达任何

---

12 克莱夫·贝尔：《艺术》，周金环、马钟元译，北京：中国文联出版公司，1985 年，第 4 页。

13 同上，第 10 页。

14 同上，第 18 页。

15 同上，第 29 页。

东西。"[16]人在审美状态中，早已忘记了生命情感的表现问题，即作为人的存在本源之一的生命情感已后景置入心理意识中，前景开出的只是那同审美对象相交通着的生命意志本身。但是，艺术接受者面对艺术作品时，他首先是通过作为中介的艺术形式被艺术家的生命情感所感动，即艺术家的情感激起艺术接受者的情感。艺术欣赏，由此成为一种情感交流的活动。艺术创作者与艺术接受者之间的情感交流，借助艺术文本的形式得以达成。或者说，艺术形式将两者的生命情感关联起来，生成由作者、读者、文本构成的艺术世界。艺术家情感的表现和接受者情感的激起，都随从他们的感觉。纵然我们无法感觉到艺术家的感觉，但我们能感觉艺术家感觉的对象化形式。而情感的在场方式，除了伦理的感受外，便是艺术的表现。难怪贝尔认为：一切艺术问题，都同某种特殊的感情相关，而这种感情在形式中才被知觉到。

"有意味的形式"所表现的艺术家的审美感情还是"对终极实在的感情"。[17]艺术家用线条、色彩的组合，表达自己那以本身为目的的终极现实的感觉。但是，这种终极实在究竟是什么？贝尔解释道：终极实在，是在事物表象后面给予不同事物以不同意味的某种东西。如果我们把贝尔的艺术定义同他关于宗教的观念联系起来，那么，他所说的"终极实在"，正是一个非世俗的、非物理的精神世界。"艺术为宗教精神的宣言。"[18]不过，艺术、宗教和形上一样，尽管它们都是人的超我意识承受在上的普遍自我或"终极实在"的精神样式，但其承受方式的不同决定了三者的根本差别。这种差别体现为：形上以原初观念承受普遍观念背后的终极信仰，艺术以原初形式承受普遍形式背后的终极信仰，宗教以原初信仰承受普遍信仰背后的终极信仰。艺术、形上、宗教，都是个体生命对终极信仰的个别承受，因而，由它们开启的真理，永远是有限的。它们受到了终极信仰的限定。

克莱夫·贝尔的艺术定义，在指明艺术的形式性、艺术同人的审美感情的相关性以及艺术表现终极实在这三点上，这些构成它在 20 世纪现代艺术理论中备受欢迎的原因。但是，这个定义并未离析出：艺术语言的个别性、艺术所表达的审美感情同伦理感情的差别和艺术这种精神样式在承受普遍终极

---

16 克莱夫·贝尔：《艺术》，周金环、马钟元译，北京：中国文联出版公司，1985 年，第 33 页。

17 同上，第 45、36 页。

18 同上，第 54 页。

实在过程中的独特性。艺术家和艺术接受者以什么方式进入艺术作品，贝尔的艺术定义在这个关键问题上沉默了。当然，这里并不是指艺术创作和艺术接受两种活动中所涉及的技巧问题，因为以精神样式为特征的艺术，已经超出了技术层面所给与的存在根据。何况任何技术的运用，无不是在其运用者的艺术信念指导下达成的。正是艺术家以及艺术爱者关于艺术的信仰，趋使他们创作、接受一件独特的作品。这样，追问艺术活动（艺术创作、艺术接受）和艺术文本（艺术品、艺术家）之中所隐匿的艺术根源，乃构成艺术这种精神样式自我开启的必要责任。

"艺术是艺术品和艺术家的根源"，[19]也是艺术活动的根源。没有艺术，艺术文本和艺术活动便丧失根据。但是，艺术的根源何在呢？艺术同形上、宗教这两种精神样式的差别性是什么呢？既然艺术为艺术文本、艺术活动的根源，那么，关于它们的追问就不再是发现艺术性的途径。艺术的根源，只能在它们之外、在同形上、宗教的相差别中、在作为意识生命体中的超我意识与普遍自我的相关性中被给与。艺术的这种在先于艺术文本、艺术活动的特性，我称之为艺术的先验性。在此意义上，价值逻辑论的艺术论，在根本上是一种先验艺术论。它考察艺术之为艺术的根据及其同形上的、宗教的根据的差别。下面我们分别言述艺术对象、艺术语言、艺术使命的先验性，然后再从艺术活动、艺术文本中审视艺术的先验性置入，最后完整阐明价值逻辑论的先验艺术论。

先验艺术论

其实，克莱夫·贝尔艺术定义中所关涉的审美感情问题和苏珊·朗格把艺术看作人类情感的符号形式的创造，都标明他们已走到艺术对象的先验性面前了。但是，特别需要注意的是：艺术的对象，不同于艺术作品的对象。前者先于艺术作品而存在，因而是一切艺术作品的对象的给与者；后者只存在于现成的艺术作品之中，对还未被创造的艺术作品而言，它们根本不存在对象的问题。

---

19 Heidegger, 'Poetry, Language, Thought', in *Deconstruction in Context Literature and Philosophy*, Edited by Mark C.Taylor, Chicago: the University of Chicago, 1986, p.272.

艺术对象的先验性

艺术对象的先验性，意味着一切艺术活动和一切艺术文本在对象上的共同性。在艺术创作、艺术接受、艺术品与艺术家之中，究竟是什么东西使其成为艺术的而非形上的、非宗教的？是什么力量把艺术活动和艺术文本联成一体？先验艺术论认为：除了彼岸的生命情感之外，没有什么客体化本源的成份能赋予艺术对象以艺术性。

生命情感和感情不同。感情是个体生命感官的情感。个体生命对某一对象产生感情，必然离不开他自己感官的触动，并且因为情感的合一性特征而要求自己在感官上同对方合一。这样，感情就内含感官与情感的双重向度，仅当两者含混为一体时，感情才发生在它的主体身上。感情主体如果对某物有感情，他渴望现时而当下地与那物合一，依恋倾慕那物，希望自己成为那物，潜在要求那物成为自身的一部分。

诚然，生命情感的生命性，是这种情感得以启动的根源。但是，它已绕开肉身感官的层面使之植根于生命底层。这种植根，还不是生命情感的目的，最重要之处在于通过情感置入显明情感的个别性，显明情感的出现必然同生命的生长相关联。换言之，生命情感，是从人的生命本源和在上的普遍自我的张力中生长出来的。因此，根本不存在现成性的生命情感等待着人去表现，艺术也更不是对一种现成生命情感的表达。因而，任何艺术样式，也不存在现成的技巧和语言等着艺术家使用。某些非艺术性的作品，即便内含表现感情的成份，但它毕竟表现的是感官的情感，即始终隐匿着对情感因素的表现。

艺术的对象，是彼岸的生命情感。这就是艺术对象的先验性规定。在这个规定中，此岸的伦理生活中的情感因素——亲爱、情爱、友爱——如果要成为艺术的对象，它得进行根本的转换，即将此因素置入在上的彼岸世界之中。生命情感的彼岸化，构成人的精神样式向上生长的一种方式。先验艺术论，尽管不可能给出艺术活动中的艺术家如何将生命情感彼岸化的方法，但它确认：那使艺术活动区别于形上的、宗教的活动，那使艺术文本成为差别性文本的东西，恰恰是彼岸化的生命情感。艺术家把艺术创作的源泉称为灵感、接受者在艺术欣赏中将之称为的灵性感觉，都是因为他们承受了在上的普遍自我的召唤。他们相信自己创作、接受的作品反正不是这个现成世界的对象，相信自己是在通过艺术活动实现与在上的普遍自我合一。人处于艺术状态中，甚至感觉到自己就是那个超越于自身、超越于世界的绝对者本身。

即使这种感觉结束后，他们依然有可能生活在同绝对者合一的幻觉里。而艺术净化人的心灵的原因，也是由于艺术活动及艺术文本内含把生命情感彼岸化的力量。

生命情感的特性，是其主体与所指对象的合一。彼岸化的生命情感，引领着艺术爱者与所爱对象的合一。生命情感的主体，无论怎样宣称他的情感的社会性乃至人类性，他都是立足于自己的精神性自我在宣称，即对自身同他人合一愿望的表达。作为这种情感的象征性形式的艺术，对艺术爱者言是其通达他人内心灵界的方式；对非艺术爱者，艺术就是艺术爱者的精神样式，是人类中的少数人承受普遍自我的一种方式。那些仅仅把生命情感奠立在现世伦理基础上的人，那些不以肉身的彼岸化追寻为人生目的的人，当然不明白什么是艺术。

不可否认，并不是所有的艺术爱者都自觉到他们的生命情感是彼岸性的，也不是一切艺术品、艺术家都拥有彼岸化的生命情感。不过，艺术只要是人的精神样式，它就预定着艺术对象的先验性，预定着作为艺术对象的生命情感的彼岸化向度。生命情感和感情的差别，迫使它把个体生命的精神性存在当作自己的关注对象。艺术爱者个我的生命情感，指艺术爱者通过艺术活动实现与自己的精神而非自己的肉身的合一。这种合一的基础，是艺术爱者已经在上领受了普遍自我的在下承诺，否则，艺术爱者在艺术活动中达成的，就沉沦为肉身的合一。同样，艺术爱者的他我生命情感，是他让自己领纳的普遍自我同另一个体生命领纳的普遍自我的相遇。艺术的社会价值，只在于艺术将艺术爱者召集在一起共同承受在上的普遍自我，也就是艺术爱者共在于普遍自我的光照。借助如此的光照，艺术爱者将普遍自我的一切承受者纳入共同的存在境遇中，意识到所有的人都面对共同的全我，面对着那个能够关怀一切人的普遍自我本身。艺术爱者全我的生命情感，并不意指个别的艺术爱者与全体同在者的合一，而是指艺术爱者和全我本身的直接合一。艺术爱者住在全我中，全我住在艺术爱者中。这个全我，是个我得以作为绝对个体生命之我的保障，是艺术爱者生成为神圣个体的根本依据。艺术爱者之所以被称为人，只因为他在艺术活动中领纳着全我的存在，即普遍自我的存在。艺术所昭示出的人与自身、人与他人、人与自然的关系，根本上是人在情感上与普遍自我的关系。如果艺术爱者所领受的普遍自我是精神性的自在永在，那么，他从自己、他人、自然中所见的，必然是灵性的普遍存在。

生命情感因对象的不同所体现出的个我、他我、全我，同一个绝对的差别性的我相关。我之所以是我，因为是我绝对地领受着普遍自我的本性，因为是普遍自我应允我的存在以个别性、不可代替性。有没有对普遍自我的承受，不但是优秀艺术与拙劣艺术的分界，而且在终极意义上是艺术与非艺术的标记。伟大的艺术品超越时空成为历史上的经典，因为，它们能唤起个体生命同普遍自我的合一，能给与艺术爱者的有限存在以无限的、神圣的依据。艺术作品越是艺术的，它所象征的我就越有普遍性，就越能使艺术爱者充满神圣的人性；艺术作品越是现实的，它所象征的我就越无普遍性，就越能使艺术爱者走向物性的人性。这便是艺术与现实的关系。

从艺术对象区分艺术与非艺术的标准在于：是否有对彼岸的生命情感的象征；从艺术对象的所指意向中区分优秀艺术与拙劣艺术的尺度在于：艺术爱者的生命情感指向的是个我、他我还是全我的境界。在最低意义上，艺术活动（包括艺术创作、艺术接受）与艺术文本（艺术品、艺术家），展示给人类的是爱的绝对性。不但爱人，而且爱作为普遍自我的上帝。通过对普遍自我的爱，个体生命才能实现对人的爱。否则，人就不可能对他人有本真的爱。艺术对象的先验性，召唤个人的生命情感在彼岸化的过程中、在承受在上的普遍自我的承诺中同他人绝对合一。

的确，伦理的生命情感是此岸化的，即现世的亲爱、情爱、友爱内含的生命情感。不过，是什么使艺术的生命情感成为彼岸化的呢？如何区分伦理对象与艺术对象呢？为寻求这些问题的答案，先验艺术论将转入艺术语言的先验性言说。

艺术语言的先验性

艺术语言的先验性，指艺术以感觉性象征语言承受普遍自我的方式。艺术爱者在艺术文本中感觉到彼岸化的生命情感，因这种情感在艺术活动中被留住在艺术文本中。其留住的途径，乃是艺术爱者的象征性言说。从艺术语言区别艺术与非艺术的界线在于象征。

伽达默尔指出：象征并不是对非现时之物的指点，而是把在根本上属于现在的东西替代、表现出来。关于象征的替代性，的确道出了象征同符号的根本差别。符号是人关于物的概念或人关于自身的观念。每个符号所包括的能指与所指的对应性、感应性，使符号在指点中面临间隔和差距。于是，由概念构成的知识体系和以观念构成的思想体系，无不存在真伪的问题，即符号的能指与所指是否彼此一一相应的问题。

和符号语言相同之处在于：象征语言也有能指与所指两元素；但与之不同的是它们关系的差异：在象征语言中，能指与所指，不是对应的或感应的关系，而是根据感觉的引导能指介入所指，能指向所指而去。象征语言的能指，分享所指的存在，把所指的存在替代于现时语言中。所指等同于能指。正因为是等同，所以，在象征语言中的艺术便获得无数可能的解。这正是一切伟大的艺术品为什么拒斥批评的原因。批评的前提，是象征语言同符号语言的相似性和误认为象征语言的能指和所指具有对应性或感应性。伽达默尔偶尔把象征理解为一种符号性的创建、灌注、给予而不是完全将之阐释为流射、替代，因为在他的文化心理结构中，其背景意识始终是以古典希腊为原点的符号性的理性文化。

象征性语言中能指与所指的等同关系，决定着象征和比喻的差别。比喻是一种感应性符号，它用一个事物解释另一个事物。其中，所指和能指的关系是分裂的。象征则直接表现在象征之物的当时性展示中，即能指形式与所指内容完全一体，同时出场。所以，比喻是一种利用符号的解释手段，象征是生命情感的流射替代。在象征中，感性之物流射反照出真实生命情感的律动。象征以感性物替代正在流走的生命情感，它要用感性物留住生命情感，阻止它完全流走；比喻用意义相关的事物解释另一个事物，这里，不存在把生命情感对象化的问题。

谢林在他的《艺术哲学》中真正领会了象征的内涵：能指就是所指，所指就是能指；而且，象征是艺术语言的规定性。他说：神话创造是象征性的，尤其是类似于神话创造的艺术表现。在这种表现中，普遍性即特殊性，特殊性即普遍性。因为，同神话创造一样，艺术表现着人的彼岸化生命情感，即通过有限的特殊物领受在上的普遍性，以这种领受实现与它的合一。

生命情感除了现时人生的直接感受外，还可以利用象征性语言把在场的现时感觉书写出来。生命情感具有流走性、无限性，是因为它在向着无限者本身流走。它要求生命情感的主体和在上的普遍自我合一。在现时的伦理生活中，人彼此感受着这种情感上的合一。但是，生命情感的流走性，又要求人把自己的感受明晰化为感觉，以便借助象征性语言记录生命情感如何彼岸化的历程。所谓感觉，就是对生命情感流走性感受的自觉。

　　人是以艺术为领受在上普遍自我的精神样式的艺术爱者。他常常感觉到在现时世界中感觉不到的东西，总是生活在幻觉里。因此，感觉同彼岸的生命情感相关。感受是对此岸的现成对象的感受。如在伦理生活中，人明白是谁在把他的生命情感倾注于自身，同时做出相应的回应。朱光潜先生把"感受"理解为"感官领受"，将"感觉"当作生理器官"触摸所得的知觉"。感觉不如知觉明晰，但高于感受。[20]不过，感觉不像知觉那样利用观念达成对外界事物的明晰认识，它有自身的明晰对象及明晰方式，这就是：它以彼岸化的生命情感为对象、又以象征为其表现方式。感觉离不开具体现实物象。它借助这物象的形式把流走的生命情感替代于现时世界中。在此意义上，先验艺术论，将艺术的语言规定为感觉性象征语言。其特点为：以形式替代生命情感从而唤起艺术爱者的生命情感对形式的渴望。在家书、情书、友人书之类的感受性象征语言中，人所能领受到的是关于爱的直接的同根体验。伦理语言唤起情感本身而非情感的形式图景，是对情感的当下领受而非呈现。

　　艺术对象的先验性，规定着艺术语言的先验性。艺术能够唤起艺术爱者对形式的感觉，但艺术爱者无法用观念理解这种形式的意味。艺术本身不能用观念、概念来言说。在艺术语言中所指的对象，是那已经流走的生命情感，能指的对象就是固定着生命情感的形式。因此，艺术是人的生命情感的象征性形式。艺术语言在心理意识中的意向性功能，在于创造生命情感的形式而不是以观念为本源的心灵图景。或者说，艺术创造心灵的形式。

　　艺术这种生命情感的象征性形式，排斥了艺术语言的符号性规定性。如果用符号去理解艺术，就必然得出艺术即技艺的结论。符号自身的能指与所指的对应关系，隐含如何操作符号的问题。但是，因害怕陷入艺术哲学中的技巧论而像艺术表现论者那样取消对艺术语言的先验追问，不但不应该，而且不可能。因为，只徘徊在大脑中的生命情感还不是艺术。艺术必须把流走的生命情感投射在形式中，必须以象征性语言将那流入永恒的生命情感替换成形式。艺术在场的感觉性象征语言，让艺术爱者把自己的感觉直接通过形式带出来。所以，艺术展示生命情感，在其所展示的背后，不存在观念性的意味之类的东西。

---

20 参看克罗齐：《美学原理》，朱光潜译，北京：外国文学出版社，1983年，第168
　　页注释［12］。

艺术的内容就是它的形式，艺术的形式就是它的内容。艺术语言的象征性，把符号语言中分隔的能指与所指融合一体。之所以能够达成这种融合，乃是由于艺术以赋有合一功能的生命情感为对象。艺术语言中，能指和所指、视觉形象与指称实体界线的消失，使作为象征性形式的艺术面向艺术爱者开放。艺术本身，不再拥有固定的、唯一的意义。艺术"作品之所以是永恒的，不是因为它把单一的意义施加于不同的人，而是因为它向单个的人表明各种不同的意义，在任何时代都说着同一种象征性的语言，谋事在作品，成事在人"。[21]艺术爱者所感觉到的意义，仅仅为艺术这种精神样式无限意义中的一种；而且，只要艺术爱者还在言说自己在艺术品中所感觉到的意义，他就还处于艺术之外。

象征语言的能指与所指，共在于艺术形式中。这对以符号语言理解艺术的人，他们总是要在形式中寻问更深层的意义。不过，其寻问本身，已远离了艺术独有的语言特性。当然，生命情感的象征性形式在终极意义上，是对心灵彼岸的普遍自我的形式承受。一切个别的艺术形式，都以原初形式为根源。就艺术本身而言，艺术形式便是普遍自我的展示。一旦把艺术形式描述为符号形式，描述者必然根据符号语言的特征在能指中寻求所指、在形式中给出多余的意义言说，甚至用词根的递嬗来理解艺术。[22]艺术语言唤起的歧义性，由这种语言的象征性所导致，对将艺术看作一种符号形式的人，它永远是一个谜。歧义的存在，是艺术的符号论观念而非艺术的象征形式的必然产物。在所指与能指不存在界限的地方，艺术语言哪有歧义？所谓歧义，无非是一个符号的能指内含几个所指，或能指指向与自己相反的东西，或能指用比喻指示所指。其实，象征性的艺术语言，使艺术形式具有无限的意义，回荡在形式中的，绝不是词根（广义上包括各种个别艺术形态中的基本元素）的原始意义，而是由整体的艺术形式向艺术感觉主体所展示的更为广阔的背景意义。

人的生命情感的流走性，选择两种方式展示自身：一是让流走的生命情感被其主体所感受，这构成伦理生活的基础；一是将之转换为象征性的艺术形式。生命情感直接流入艺术形式中，艺术爱者借助这样的形式实现同他人

---

21 特伦斯·霍克斯：《结构主义与符号学》，瞿铁鹏译，上海：上海译文出版社，1987年，第162页。

22 洪谦主编：《逻辑经验主义》，上卷，北京：商务印书馆，1982年，第214页。

融合。象征形式，因而成为艺术把艺术爱者关联一体的中介。在这种意义上，象征性语言，乃是生命情感自我留住的内在方式，从生命情感本身流射出来。如果用符号语言陈述人的生命情感，这不但背离生命情感的本性，而且是非艺术性的。

艺术使命的先验性

彼岸化的生命情感，为艺术的诞生给出对象；感觉性象征语言，为艺术应许了可能性。但是，艺术使命的先验性，把形式作为艺术的在场规定性。如果说形上为精神的观念性言说，那么，艺术就为精神的形式性展示，宗教就为精神的信仰性认定。从艺术使命界定艺术与非艺术的边界在于形式。艺术不仅有代表人类在承纳普遍自我历程中的全我的生命情感，而且将这种情感的感觉展示在象征性语言中，形成包含无限可能性意义的形式。艺术，乃是全我的生命情感、象征、形式的三位一体。艺术形式表明：其中的内容都在形式中。对艺术而言，不存在艺术的本质及形式的内容问题。感觉性象征语言的尺度，构成艺术形式的尺度，也是艺术成为艺术的原因。设定艺术有内容和形式两大部分，其根据在于对艺术的符号化理解。艺术这种流射出生命情感形式的意向性活动，抹去了艺术形式与艺术内容的界限。苏珊·朗格从艺术文本的角度，道出了艺术使命的先验性：艺术必须在先内含形式的展示。"一件艺术品，在本质上就具有表现力，创造艺术品就是为了摄取和表现感知形式——生命和情感、活动、遭遇和个性的形式——我们根据形式才能认识这些现实，否则，我们对它们的体验也只能是盲目的。"[23]朗格的艺术论，在此是从艺术创作或艺术接受的角度入手的。它同艺术家的"创造性想象力"与接受者的"反应能力"相对应。在创作艺术的时候，感觉性表现为把生命情感组织成形式的能力；在接受艺术的时候，感觉性是对艺术形式的创造性反应力。

艺术使命的先验性，即艺术作为人的精神自我展示的形式性，内在于艺术文本和艺术活动。艺术爱者，创作的是生命情感的形式，接受的也是形式。艺术品以形式的开放，期待艺术爱者的进入，而艺术家更是一件形式性的"行为艺术品"。艺术，就是以感觉性象征语言把生命情感展示在形式中的精神

---

23 苏珊·朗格：《情感与形式》，刘大基、傅志强译，北京：中国社会科学出版社，1986年，第459-460页。

样式。人的生命情感，囚居于形式并展示为形式，通过艺术爱者的感觉性象征得以留住。所以，艺术爱者区别于形上思者。形上思者同人生意义照面，这个过程是由外向内如光照明黑暗之地，以符号感应心灵。艺术爱者对生命情感的展示，乃是由内向外的呈现，如花开放于大地。流走的、混沌的生命情感，因获得形式的规定性而被留守。但是，应当记住：留守的生命情感，永远是有限生命的一部分而非无限生命的完全展示。换言之，因艺术为艺术爱者的精神样式，它不代表普遍的精神样式本身。

先验艺术论，要追寻一切艺术文本与艺术活动的根源，即那使艺术文本成为艺术性文本、艺术活动作为艺术性活动的原由。它不言说艺术现象而企图对这种现象的根据加以言说。艺术使命的先验性表明：艺术对形式的内在要求，不是源于对许多艺术现象的观察，相反，它有更为深沉的根据。这便是它背靠的原初形式。艺术家的个别性，正在于他领受普遍于一切艺术爱者的原初形式的独特性。每个艺术家，仅仅有属于他自己的原初形式。艺术家在个别时期的系列作品，也有相应的原初形式。只是，这些原初形式的共同特性在于：它们为本真的原初形式的现时展示，它们都在形式中透露出超越于形式的精神信息。当然，这里的超越，并非精神信息对形式的远离，而是内在于其中、保守于其中、穿透于其中。

感觉艺术的原初形式，自然要感觉这种形式的终极根源，寻问艺术形式的原初性意指。

首先，艺术形式的原初性，不是时间历史论而是价值逻辑论的一个观念。因此，原初形式，并不意味着时间上最早的形式，它指那承诺一切艺术形式的东西，那使艺术这种精神样式得以成立的规定性。从个别艺术形式中，我们发现：它是生命情感在流向彼岸历程中的驻足。虽然形式迫使人直面形式本身，但形式又唤起艺术爱者越过形式、投入生命情感的流走之河。艺术爱者，愿意将自己的生命情感形式化，至少他明白这种情感值得形式化，感觉到有必要留守它。这留守的形式，蕴含着纯粹彼岸的消息。正是因为这样，艺术才成为艺术爱者领受在上的普遍自我的样式。

既然一切艺术家创造的原初形式都是有限的，那么，赐与一切艺术家赴身于原初形式的力量，显然不在个别的艺术家本人中。在象征的意义上，通过历史上的耶稣和信仰的基督所成就的十字架，恰好向艺术爱者展示出本真原初形式的所指。耶稣的十字架，作为一件完美的艺术品，内含艺术对象的生命情感性、艺术语言的象征性、艺术使命的形式性。艺术接受者，从十字架最能感觉到的是它的明显的形式。这种形式，构成一切形式性物品的象征，因为从形式上呈现出的是历史上的耶稣对上帝和对世人的爱，即超越个别生命情感的绝对之爱。十字架留住上帝对人的爱和人对上帝的生命情感——或为顺服的情感，或为抗拒的情感。十字架向人走来，但人可以认信或拒信它。个别存在者在十字架面前，必须做出决定：要么拒绝它对自己生命的意义，要么承受它的恩召。从艺术的先验规定性看，上帝在十字架上成全了一件完美的艺术品。它所流露出的上帝大爱的广度和深度，让任何有限的人创造的艺术品都望尘莫及。

十字架这个隐含艺术先验性的艺术形式，和一切艺术文本与艺术活动一样，采纳了物质性的材质。但是，同个别艺术家的作品的差别，是十字架所展示的精神深度。因为，成就十字架的上帝是精神本身。[24]纯粹无形的精神本身，创造了纯粹精神的形式。这样，一切以原初形式为根源的个别艺术家的艺术形式，无不是他们精神的形式。

艺术家作为自由意志的拥有者，尽管可以拒信十字架所展示出的基督精神，但他无法否认十字架的艺术性。艺术性的十字架，为所有艺术爱者而存在，更向他们完全开放。耶稣的十字架意味着：上帝在那里。[25]艺术爱者，如果的确想借助艺术展示无限流走的生命情感，那么，十字架无疑为这种展示做出了典范。十字架把彼岸的上帝对世人的生命关怀，呈现在每位艺术爱者面前。

在观念上，十字架为艺术形式的原初形式，还因为它开启了历史上的耶稣以什么样的形式终结自己人生的途径。其实，艺术家创作艺术品、艺术接受者欣赏艺术品，无非是要对自己的人生加以形式化的展示。对每个人而言，他不但面临人生意义、人生信仰问题，而且会遭遇人生形式的问题。我们究竟以什么样的形式被留住在历史现实中，这是艺术爱者赋予艺术的先验使命。反而言之，艺术带给人生的，恰好是它的形式光环。

在一定时期内，艺术家选择某种原初形式和接受者喜爱某种原初形式，说到底根源于他们的感觉。假如有人问：一个艺术家为什么这样书写和一个接受者为什么喜爱这样的作品？他们最可能回答：依据自己的感觉。艺术爱

---

24 《约翰福音》4：24。

25 苏珊·朗格：《情感与形式》，刘大基、傅志强译，北京：中国社会科学出版社，1986年，第476页注。

者设定一种原初形式。但是，艺术家和接受者只是在赴身原初形式的方式上出现差别。艺术家有能力将自己对生命情感的感觉展示于形式中，艺术接受者只有能力将艺术形式认同为是对自己人生形式的展示。两者必须赴身于艺术的原初形式，在艺术创作和艺术接受的过程中活在那样的形式中。

艺术对象、语言、使命的先验性，为艺术规定出明确的内涵：艺术是彼岸生命情感的感觉性象征语言形式。艺术不可能取代形上为人给与观念性的心灵图景，更不可能像科学那样为自然承诺概念性的秩序。相反，把作为科学的代表的物理学神化，认为物理学家能描述一切，甚至能描写诗人所形容的东西，这样的科学主义者，依然无明于科学语言与艺术语言的根本差别。科学语言为对应性符号语言，艺术语言为感觉性象征语言。两者面对不同的对象有着各自独特的效用。艺术家若用物理词句去描述人的生命情感，他就不再是个艺术性的艺术家。艺术语言的象征性，给与每个艺术形式以无限的所指，人不可能准确地理解其背后的涵义。艺术形式，是人类精神的无限可能性的象征。艺术，只能以人的彼岸化的生命情感为对象，以感觉性象征语言为在场方式，以形式的书写为目的。现实发生过的事件，在艺术的象征对象之外。形式性的心灵图景，或为艺术爱者书写出生命情感的形式性，这乃是艺术，而且只有艺术这种精神样式才能承担这样的使命。

总之，艺术使命的先验性，指艺术为精神的形式性呈现。这种形式在终极意义上，是原初形式的现时化，在现象层面为艺术爱者而存在，应许他们选择形式化的人生。艺术形式，归根结蒂是对原初形式的承受和赴身，从而为艺术爱者展示出形式性的心灵图景。所谓艺术，无非是人的生命情感以感觉性象征语言向形式而去。人的生命情感，先验地就不可言说，只能展示于象征之形式中。生命情感，唯有在形式里才有自己的位置。由于艺术的对象拒斥观念性的言说和直接的附加，所以，艺术在语言中的公开以象征为手段。

艺术，是人的彼岸的生命情感、象征、形式的三一体。生命情感的彼岸性，说明艺术的对象并非现成性的、生物学意义上的东西，而是人的心理意识面向在上的普遍自我构造的产物。从这点看，艺术从不可能表现现成的生命情感，它乃是对生命情感的理想图式的展开。因此，仅有形式而无生命情感的东西（如地图）就不是艺术，只有象征性形式（如象形文字之类）的对象也不是艺术。艺术中的象征，指人的生命情感在彼岸化过程中的自然显现。艺术形式，自然展示出生命情感的彼岸化活动。有限的生命情感同普遍自我的合一倾向，通过象征性形式向艺术爱者透露出绝对者的信息。以象征为语言在场方式的艺术品，比起以观念为在场方式的形上品，更有透明性。它明明朗朗地开启形式所指的对象。艺术的表现论言说，只见到艺术同生命情感的联系而忽视了作为艺术对象的生命情感的彼岸性和作为艺术语言的象征性。艺术表现论者，误将现成性伦理生命情感当作生成性的，因而他们无视艺术家这种活动性文本同常人有别的个别性。

艺术书写

在探明艺术的先验性特质后，完整的艺术先验论，还离不开对艺术的现实可能性的言说，即艺术是通过什么样的活动及怎样的方式，成为人的精神样式的一种的。我们的视点转入对艺术书写与艺术文本的究明中。

广义的艺术书写，包括艺术创作和艺术接受两种活动。艺术的书写，把艺术对象、语言、使命的先验性现实地成就为一体。离开艺术书写这种把生命情感的彼岸化实践于象征性形式的活动，艺术的先验性，将沦为抽象的、观念性的规定性。也是由于艺术爱者实实在在的艺术实践，那流走的生命情感才被驻足于艺术品中。艺术创作，将艺术家在言语层面的生命情感（一般所说的艺术冲动）转换为语言层面的艺术品。它构成艺术言语与艺术语言的中间过渡环节。或更为准确地说，艺术创作，是艺术家的个人性的言语走向艺术语言的必要途径。当然，艺术的先验性，设定了艺术创作的对象、手段、使命的先验性。艺术家在艺术创作活动中，书写的是他个人对自己的生命情感的感觉，其手段为象征性语言，其使命为承诺自己的生命情感以形式。流淌的生命情感，向艺术家的自我展开，并凝固于艺术语言中。

艺术既然不表现现成性的事实性在者和本能性的生命感情，艺术既然是人超越虚无地平线奔向彼岸的精神样式，艺术既然不是一种学问形态而只呈现在生命情感的形式化过程中，那么，作为艺术书写的艺术创作，其体现于日常的生命情感图景、日常的象征语言（如伦理生活及其语言模式）中的功能性，必然是对它们的异在冲击。艺术创作，带给日常伦理生活以差别性的、陌生化的感受，使人在世俗世界之外见着另一个更为理想的世界。同样，狭义的艺术书写（艺术创作）展开的，是生命情感的形式而非意义（对于彼岸化的生命情感的呈现，不存在意义问题）。另外，艺术创作所特有的先验对象，使艺术书写呈现出连续性。艺术家的生命情感，连续地象征在艺术形式中。

　　另一方面，艺术书写，并不随着艺术创作活动的终结而终结。艺术要使自己成为艺术性的，从艺术家的个人性言语转换为期待艺术爱者进入的艺术语言本身，还得在艺术接受中实践这种本源性，即艺术语言由于艺术接受而化为艺术接受者的言语。当然，艺术接受，不是从开放的艺术品的语言而是从接受者的艺术言语进入艺术品。艺术爱者在阅读艺术品中，发现自己的艺术形式存在冲动。在艺术接受活动里，接受者的日常生命情感被后景置入生命中，摆在接受者面前的艺术品唤起他的彼岸化的、相对日常生活而陌生化的生命情感。于是，艺术阅读意味着：把现成的生命情感置入沉默中，使待定的生命情感兴奋起来。不但创作需要天才，而且阅读也需要天才。对创作，天才是一种非凡的创造性想象力；对阅读，天才是一种非凡的创造性反应力。

　　艺术这种象征性文本的阅读，其中介是接受者的感觉。接受者远离伦理的生命情感，使艺术文本中的生命情感同自己相遇，日常生命情感的另一向度同艺术文本内含的彼岸化的生命情感在艺术接受中相交一体。解释学作为关于阅读一切文本的学说，理应研究不同文本的阅读方式。艺术接受和审美接受无论怎样相似，其面对文本的不同决定了它们在根本上的差异。审美对象，是人的生命意志如何发展为存在意志、个人如何在虚无地平线上现实地而不是观念地、形式地生起的过程，审美接受只能在直觉的引导下得以达成。直觉是人的生命意志对人的存在的体验，它无需任何象征而直接觉悟人的存在背景。诚然，柏格森的直觉，更多是人的生命意志的体验；克罗齐的直觉是一种副理性活动、知觉活动，更倾向于生命情感。两者在本质上承认直觉不具备理性的特征。苏珊·朗格将直觉同人的理性活动相关联，把它认作阅读文本的手段，无疑是由于理性文化的神化逻辑所致。只要以直觉为阅读艺术品的方式，直觉就摆脱不了对艺术形式的把捉。但是，无论怎样，直觉同理性的逻辑性不存在任何相关性。

　　艺术书写对于创作者或接受者，都为生命情感的象征化过程。艺术书写不可能是直觉的活动，因为它要求言语与语言的相互转换。相反，直觉活动中不必有语言与言语。艺术书写要求艺术爱者的，是一种天才的感觉生命情感的能力。这种能力，将流走的生命情感外化为艺术品，或者在艺术接受中澄明自己的感觉。没有象征的感觉，就是伦理生活的感受。感觉把所感受的生命情感象征于艺术形式中。

艺术文本

艺术创作与艺术接受，都指向艺术文本，即一般意义上的艺术品。不过，先验艺术论，将艺术文本分为：期待性文本——艺术品和活动性文本——艺术家。

艺术品

和艺术家不同，艺术品期待艺术爱者的进入，一方面是艺术家把自己的个别性生命情感置入艺术品中，一方面是艺术接受者期待自己的生命情感能够在艺术品中发现相应的形式。艺术品，同艺术创作与艺术接受两种活动相关，同时与艺术家及欣赏者两种人相关。这称为艺术品的相关性。艺术品为艺术创作后的文本，又是艺术接受前的文本。它以感觉性象征语言为方式展开人的生命情感图景。但是，在终极意义上，艺术品的相关性，体现在它和艺术的先验相关性上。撤下艺术的先验性，艺术品便不再是艺术性的作品。艺术品，凝固着艺术家的生命情感，成为这种情感的永恒归宿。对艺术爱者言，它又是激发他们潜在生命情感图景的实物。

艺术品向艺术爱者呈现出情感价值，因为，艺术爱者借艺术品成为人类中的一员。他们投射在艺术品中的生命情感，不仅仅是个人的，而且还赋有人类性。艺术家之外的艺术接受者，在艺术品中感觉到自己象征生命情感于形式的无能，但又看见了那萦绕于自己心中的生命情感的形式。任何艺术品，都期待为人类造就一个作为人类的一种理想人生形象的艺术爱者阶层。艺术品与接受者的关系，正如宗教与信徒的关系：艺术品被阅读，因为它希望读者成为艺术爱者；宗教被信仰，因为它要使信徒成为布道者。

艺术品尽管是艺术家象征性书写的结果，但艺术却不是根源于艺术家的书写。艺术家根据艺术的先验性书写作品。同样，艺术接受者，也不构成艺术品的本源，因为他们依据艺术的先验性接受艺术品。

艺术家

与艺术品这种期待性文本差别之处在于：艺术家为活动性文本。以活动性文本为规定性的艺术家，必须献身于艺术书写之类的艺术活动。艺术家和常人不同，因为他的使命是书写艺术，使抽象的艺术先验性具现为实存的先验性。艺术家，意指以艺术的精神样式生起于虚无地平线上的人生形象。他的存在，带出理想的生命情感，又持守这种生命情感的理想。从艺术家身上，艺术爱者看见艺术的先验理想如何现实有限地存在着。艺术家，既为艺术品的书写者，又为艺术品的接受者。创作与接受两种活动，把艺术家从常人中分隔出来，因其自觉承受先验的艺术理想而生起于虚无地平线上。

按照艺术家的活动性目的，可以将其分为三个层面：为肉身书写的艺术家、为团体书写的艺术家和为人类书写的艺术家。其实，在终极意义上，即依从艺术的先验性，第一、二层面的艺术家，仅仅是利用艺术的常人。

一切源自本能、指向肉身、为了名誉金钱及生理快感而书写的艺术家，都属于第一层面。其作品的艺术价值，既然建立在肉身的现世生存上，理应随肉身的消失而消失。艺术的先验性对这样的艺术家而言，已沦落为肉体生命生存延续的优先性。艺术，只不过是他们谋生的手段，以艺术为精神样式在上承受的普遍自我，堕落为以肉体生命为价值的个别肉身本身（无论如何，自我只有伴随精神性才显出以差别性为规定性的自我性）。这种艺术家，将自己的艺术观念根植于现世的肉体生存上。在其视野中，世界仅仅为肉身的世界，对他人的爱也只呈现为肉身之爱。他们的作品所唤起的，除了肉身的享乐外便一无所有。

第二层面的艺术家，把人类中的部分人的利益看作高于人类本身，指责人类为一个抽象的观念而不是区别于动物和上帝的一切人。团体的本性、个人的灵魂、心理的感受，为其艺术生活的源泉。这种艺术家关注的现实，仅仅是同自己的团体相关的而不是全部人的现实，因此，只要是符合团体（如国家、党派、民族、宗教、时代）的利益，他们就倡导艺术趋炎于少数人的生存。其艺术品的艺术价值，在他所立足的团体消失后而消失。这个层面的艺术家，使普遍的先验艺术理想降格为有限团体的意识形态，在根本上和第一层面的艺术家同谋。因为，一旦艺术家以精神的情感的在上承受为书写人生的动力，他就会产生普遍的人类情怀而不只是把目光盯在少数人身上。相反的艺术家口里称艺术为神圣，心里却以艺术为维护自己肉身特权的手段。假如真正是为了团体的价值而书写的艺术家，那么，他们必然应转向最为广阔的唯一的团体——人类。

第三层面的艺术家，为本真的活动性文本。凭着先验艺术的理想，他们把人的本质、精神、心灵的书写当作自己的艺术使命。一切区别于动物的个人，不管他属于哪个团体、哪个阶级，都是艺术家值得关怀的对象。这样的艺术家，自觉到自己的自我的精神性及肉身的有限性，从此在上呼唤普遍自我在人类中的在场。其作品的价值，根源于人类、伴随人类而存在。他们有限的精神生命、心理生命、艺术生命展示出人类普遍的彼岸化生命情感。艺术家的个别自我和人类大我，在精神层面、也只有在此层面才能达到完全的统一。于是，第三层面的艺术家，同本真的形上家、宗教徒相呼应，共同为人类的精神性存在作见证，为人类与动物的神圣差别性作见证。

现实中的艺术家，尽管可以从三个层面去描述，但三个层面的艺术家，只要还以艺术的名义同他人共在，他们多多少少都要以护守艺术的先验理想为人生使命。第一、第二层面的艺术家和常人的不同表现在：他们不自觉地为人类书写着理想的生命情感图式。

到此为止，我们分别言说了艺术书写和艺术文本两类艺术现象。关于艺术的规定性，并不存在于个别艺术现象中，也不可能从艺术创作、艺术接受、艺术品、艺术家的相互关联中得到承诺。艺术的规定性，出自艺术的先验性。由于艺术这种精神样式固有的先验性，才使个别艺术现象成为艺术性的现象。艺术不是艺术品，艺术品为艺术先验性的物质媒介；艺术不同于艺术创作，艺术创作是将个别艺术言语展开为普遍艺术语言的活动；艺术有别于艺术接受，艺术接受面向艺术品而存在。但是，艺术以在上的普遍自我为直面对象；艺术和艺术家相异，艺术家是以艺术为人生形象的人。艺术的先验性，承诺个别艺术现象以艺术性。艺术超越于艺术书写及艺术文本之上。先验艺术论的出发点，不是个别的艺术现象。它乃是人的彼岸化生命情感的精神现象学。一切艺术现象，都植根于先验艺术论。更重要的是：人的存在，如果不从先验艺术论来理解，我们关于人的心理意识生命体的图景将残缺不全。

从前的艺术理论，或为艺术创作论，或为艺术接受论，或为艺术文本论（包括艺术品与艺术家的理论）。三种理论的共同点在于：从艺术现象理解艺术的普遍规定性。即使有企图从个别艺术现象间的张力来言说艺术的努力，因其囿限于艺术现象依然无法企及艺术本身。先验艺术论，认识到对个别艺术现象的艺术性言说的有限性，因而直接从个体生命的超我意识与普遍自我的关系着手展示艺术作为独特的精神样式的规定性。现成艺术学之所以未能言明艺术，是因为以艺术现象为研究对象的艺术学，在根本上是背离艺术的。艺术现象必须依靠艺术而成立，绕开对艺术的言说进而以艺术现象为考察对象，其间生出更加棘手的问题：为什么艺术现象就是艺术？从艺术现象到艺术的过渡方式是什么？何况，任何关于艺术现象的言说，因其对象的有限性会降格为有限的言说。

艺术存在的前提，是人的个体生命以感觉性象征语言对流走的生命情感说"不"，即对流入虚无地平线上的生命情感的否定，以形式的凸现实现人和在上的普遍自我的交通。艺术对象的先验性，意指艺术并不存在现成的可供摹仿、表现的对象。人选择艺术的而不是形上的、宗教的精神样式作为企及普遍自我的手段，他必须在向上引纳普遍自我中、在同普遍自我的给与者的对话中生成自己的生命情感。因为艺术的创造性没有现成的对象可直接利用，因为艺术的对象生成在个体生命的情感流向普遍自我的途中。生命情感向我而去，同时又向我所依存的精神而去。个别自我的不可代替性，决定着艺术对象的个别性。不存在对一切艺术爱者有效的艺术对象，只有对某个艺术爱者有意义的对象，而且，这对象还生成于艺术爱者的所爱之中。恰好艺术对象为个别的，它所承受的普遍自我才普遍地保证了这个别艺术对象的普遍性。艺术爱者有限存在的神圣依据就在这里。

除了艺术对象需要在先生成外，也没有现成的艺术语言等待着艺术家去使用。他人的艺术语言，一旦出现在艺术家的书写活动中，就丧失了先验性。它在他人的艺术活动所构成的经验之后，从而也在利用者的经验之后。彼岸化的生命情感，迫使这情感的所有者寻找特别的感觉性象征语言。生命情感赋有生命性，正是由于其情感主体感觉的独特性。情感流走和理智沉思的差别，在于其在场方式的不同。生命情感只能被感觉。感觉到的生命情感，驻足于象征性形式中，其能指即它的所指。

艺术对象、语言的先验性，生成艺术使命的先验性。艺术告诉艺术爱者的，除了形式，还是形式。它拒斥任何观念的、概念的言说，更无需任何直觉的、顿悟的心理活动的参与。艺术向艺术爱者宣告：某种生命情感的形式就是这样的唯一形式。

先验艺术论，不为艺术的书写提供标准。艺术的先验性、艺术作为一种和形上、宗教并存的精神样式，只同个别的心理价值生命体相关，同生命体中的生命情感的展示相关。艺术的普遍性与客观性，取决于艺术对普遍自我的客观领受。艺术在领受普遍自我中，把人从虚无地平线引渡到存在中。那被引渡的艺术爱者，因而成为人类的一员。

先验性，为艺术的内在规定性。它体现在人的彼岸化生命情感向感觉性象征语言的流射中，体现在生命情感通过自我流射所形成的形式中。艺术所表现的情感，在此意义上不再是艺术爱者现成的伦理感受。艺术爱者借助象征性形式，言说出其生命情感所依存的不可言说的普遍自我。

把艺术当作经验，这乃是对艺术的先验性的盲目。经验这种现成物，人无需通过象征性形式便能感受到。艺术爱者生命情感的自我构造，拒绝一切关于艺术为经验的理性观念。

先验艺术论，直接切入艺术而非由艺术书写与艺术文本构成的艺术现象。它超越于一切艺术现象。因为，先验艺术论，接受一切艺术现象的检验。艺术爱者书写的，是艺术品而非先验艺术论。先验艺术论，来源于对人这个意识生命体中的超我意识如何同普遍自我相关联的反思。唯有赴身于生命情感的彼岸化冲动和语言的象征形式，先验艺术论才呈现于赴身者的意识里。正如全超验的形而上学并非一种个别形上体系而是形而上学的理想向度、成长根源一样，先验艺术论，乃是对全部艺术现象的艺术性根据的回答，当然属于在艺术理论史中的一种回答。它不承诺艺术活动以任何法则，否则，艺术爱者就能够遵循某种法则创作、接受艺术品了。关于艺术的言说，不能代替艺术爱者的感觉，更不能代替艺术现象的现实展示。在本源论上，先验艺术论，同艺术现象没有关系。当人的生命情感寻求象征的时候，当生命情感的象征展示于有序形式的时候，当这种形式作为一种文化文本汇入人类历史又为艺术爱者给出皈依的时候，先验艺术论的自觉就开始了。

诚然，先验艺术论也言说艺术现象，这种言说基于艺术的先验理想，它要发现艺术现象的艺术性。严格地说，艺术现象，不属于先验艺术论关注的领域。因为，先验艺术论的本真任务，是追问艺术本身，追问究竟是什么规定性使一种活动成为艺术的。当然，艺术现象毕竟作为艺术性的现象，同艺术的先验性有必然的相关性。这包括：艺术创作，使个体生命情感的言语象征为人类生命的语言，流向虚无的生命情感因艺术创作呈现、驻足于艺术形式中；艺术接受，乃是接受者远离现成的伦理情感使之进入艺术品，接受者面对艺术品，同它所内含的生命情感进行交通，从而实现自己的生命情感的彼岸化；艺术品保守艺术爱者的生命情感，为不在场的艺术爱者给出他们唤起艺术感的终极可能性；艺术家"用自己的人生构成了一个形象，而且在此形象中澄清了他们的情感，并且为自己找到了此后不再被其他幻想惊扰的精神避风港"，[26]找到了适于自身居住的终极的生命情感样式。其实，对艺术创作、艺术接受、艺术品、艺术家这些任何一种艺术现象的言说，最终都构成对全部艺术现象的言说。其间的关联物，便是承诺艺术现象的艺术先验性。

按照先验艺术论，艺术爱者将对从前艺术理论中意象与原型、形式与内容、艺术的真实性诸问题提出质疑。它们存在于关于艺术的摹仿论、表现论、符号论的问题域中。意象摹仿原型、形式表现内容、符号的能指真实性意指所指的真实性，都是无明于艺术的先验性的结果。艺术以生命情感的彼岸化为对象，它从何处寻得原型呢？以感觉性象征为语言的艺术，哪有形式与内容的分别呢？以人生形式的展示为使命的艺术，哪有展示的真实性问题呢？符号的能指与所指的对应性，构成艺术技巧论的根源。在"艺术是人类情感符号的创造"的定义里，作为创造对象的情感因其符号性而成为日常伦理情感。这里所说的"创造"，就是用符号表现人类情感的活动。既然有表现，就需要技巧，即如何达成符号语言的能指与所指的对应关系。如果承认艺术对象是彼岸化的生命情感，那么，艺术就不存在被摹仿、被表现、被符号所指的对象；而且，仅仅生活于伦理世界中的常人，永远不属于艺术爱者之列。把艺术当作一种"不完全符号"、一种"有意味的形式"和非陈述性的语言，这只是为艺术爱者反思艺术的先验性给出了语言的、使命的向度。苏珊·朗格，未意识到自己所背靠的符号理性文化的有限性，在符号学的影响下未能真正涉入艺术的先验性问题。艺术，不但不是一种"不完全符号"，而且根本就不是符号；艺术不但在结果上创造"有意味的形式"，而且在起初就在构造富于象征的形式；艺术不但不是一种非陈述性的语言，而且是同陈述性无关的流射性象征语言。当艺术爱者追问艺术形式的意味时，他已设身于艺术之外。总之，哪里有对生命情感的象征，哪里才有艺术。

艺术与伦理的差别

先验艺术论是关于艺术的内部言说。此外，我们还可以从外部深入艺术，在横向面上同伦理，在纵向面上同形上、宗教的比较中展开关于艺术的外部

---

26 关于十字架所象征的上帝救恩的真实，参看 H. 奥特：《不可言说的言说》，林克、赵勇译，北京：生活·读书·新知三联书店，1994 年，第 40 页。

言说。艺术的先验性，既承诺艺术在精神样式中同形上、宗教的差别，又规定在感性文化中和伦理这种学问形态的相异。

为什么任何时代的先锋艺术都与那个时代的精神相抵牾？其原因内含在艺术与伦理的差别性中。

在对象上，艺术展示彼岸化的生命情感，伦理直接根源于现世的生命情感。艺术爱者从艺术形式中感觉到的生命情感总是同现实伦理生活有距离，甚至有的艺术形式完全和日常情感形式无关，这由艺术对象的先验性所决定。艺术远离、升华现实的生命情感，为的是在平庸现实中生起另一种理想的生命情感图景。艺术利用幻觉、意象、简化、变形等手段展示艺术家独有的感觉，目的在于向艺术爱者给出情感的非日常向度。但是，伦理感受的生命情感，深深根植于人伦之爱。这种情感，伴随任何人而来，无需创造性的想象力。因伦理情感的对象是现成性的亲人、情人和友人。这些对象存在于伦理爱者的周围，没有必要通过象征展示出来。只要是人，就有根源于血缘肉身的亲情、肉身与精神同根的爱情和以纯粹精神为基础的友情。

在语言上，艺术与伦理都属于象征性语言的范畴。无论是个别语词还是由个别语词构成的整体语境、文境，在艺术、伦理的言说中都获得了象征性的涵义。这时，"部分篡夺了整体的地位——的确，部分不仅变成了而且就是整体"。[27] "整体的每一部分就是整体本身；每一个样本即等于整个的种。部分并不只是表象整体，样本也不只是表象它的类；它们与所归属的整体是同一的；它们并不单纯是反思思维的媒介辅助物，而是实际上包含了整体的力量、意义和功效的真正的'在场'。"[28]卡西尔在此虽然只涉及神话运思的隐喻原则，但隐喻的特性已经预示出象征的规定性。在象征语言中，能指和所指非对应的、非感应的关系，使作为部分的能指等同于作为整体的所指。因而，在象征性语言的言说中，不存在能指如何向所指、部分如何向整体的过渡问题。艺术的、伦理的语言共同性就在其中。

不过，尽管同样以象征语言为言说方式，但艺术的言说基于感觉，伦理的言说基于感受。感觉和感受的差别，使感性文化中的艺术、伦理出现根本的相异。感觉内含对彼岸化的生命情感在形式上的觉悟，因而迫使感觉者在

---

27 恩斯特·卡西尔：《语言与神话》，于晓等译，北京：生活·读书·新知三联书店，1988年，第112页。

28 同上，第109页。

形式中展示所感觉的生命情感。感觉对艺术爱者有共同性的一面，其中介乃是呈现感觉的形式。相反，感受侧重于内心的自我体验。一个人感受到另一个人的爱，这无需任何形式的展示，甚至有时拒斥符号语言的言说。感受，意味着在场者的生命情感直接的相互汇通。至于未在场的感受者，只有借助家书、情书、友人书之类伦理语言文体来交通彼此的感受。通过部分的伦理语言所象征出来的，是全部被象征的对象本身。

艺术和伦理在语言上的不同，已昭示出它们在使命上的差别。"艺术王国是一个纯粹形式的王国。它并不是一个单纯的颜色、声音和可以感触到的性质构成的世界，而是一个由形状与图案，旋律与节奏构成的世界。"[29]并且，艺术所展示的生命情感的形式，"不是抽象的，而是诉诸感觉的"。[30]当然，这种形式也不是心象的，任何艺术爱者都能面对它。相反，伦理的使命，则在于成就人的内在人格，从而为社会建立普遍的道德秩序。艺术家如果只有对此岸生命情感的感受而未创造出这种感受的形式，他就不配为一个艺术家，他等同于生活在伦理中的常人。

在整体上，艺术与伦理的差别，即先验和后验的差别。艺术用感觉性象征语言创造彼岸化的生命情感形式，伦理面对现成性生命情感所造就的人格。伦理的对象无需创造，其语言不必诉诸感觉，更无需展示情感的形式。

艺术所展示的彼岸化生命情感，当然不是日常人伦感觉的表现。这种情感，来自于人的意识活动——艺术的陌生化的效果根源于此。艺术语言的象征性而非符号性，表明生命情感的所指是无限的。艺术语言的不可解释性，就在于它的意义的无限性。能够被有限解释的艺术，不是艺术。而感觉性象征语言同生命情感互渗便产生艺术形式——这是生命情感的形式，是人的生命情感通过精神活动所寄附的对象。艺术存在的价值，一方面因它用感觉性象征语言带出了生命情感的形式，另一方面，因它创造了一个独立自足的文本世界从而把它的创造者从虚无纳入人类共在中。伦理没有这样的功能。

---

29 恩斯特·卡西尔:《语言与神话》，于晓等译，北京：生活·读书·新知三联书店，1988年，第167页。

30 同上，第166页。

艺术的人文性

艺术的先验性，将自己和其他精神样式相区别。但是，作为精神样式，艺术、形上、宗教又以人文性为共同特点。人文性，是科学、伦理、美学这些学问形态未被规定为精神样式的原因。它们缺少内在的人文性向度。自然中的天地阴阳之类的事实性在者、个体生命中以生命本能为目的的感情，被拒斥在艺术语言的象征之外。艺术对个体生命而言，同其生命情感的精神价值的生成相关，同个人超越虚无地平线的方式相关，艺术爱者借助艺术远离虚无走向存在，当然是由于艺术的——彼岸化生命情感的、感觉性象征的、形式的——方式。他们根据自己所展示的形式，使流走的生命情感消逝于虚无的可能性不再可能，使利用符号语言不可言说的东西在艺术的象征语言中得以言说。艺术爱者在艺术中，为自己开启一种承受普遍自我的精神样式。这种样式，只在精神层面同普遍自我的承诺者——那作为圣灵而存在的上帝相关。由于这样的开启行为，艺术爱者的个体生命获得了同他人以及整个人类共在的前提。艺术构成艺术爱者实现人类学不朽的方式。

艺术爱者凭什么说他是人类中的一员？因为他创造或接受的艺术形式，更因为他以艺术的方式承受着人类共在的普遍性的承诺者上帝。伦理之爱，由于其所爱对象的有限现实性而在根本上无法构成人类之爱的基础。相反，是艺术所展示出的生命情感的形式，为艺术爱者的彼此相融给与了无限相对的可能性。艺术形式期待艺术爱者的到来。由艺术应许的形式的、非肉身的共在，成为人类共在的一个前提。

艺术的人文性，相对于个别的艺术爱者，它是个人从虚无地平线走入存在留下的痕迹；相对于人类，它是个别艺术爱者迈向自己同类的一种方式。人文性的观念，不但同个体生命的成长相关，而且和由独特的个体生命所组成的、区别于动物的人类相关。艺术的人文性，以爱而不是思的方式，把艺术形式的爱者纳入人类共在中。当形上之思思出人和动物的差别时，艺术之爱却抹去了与动物差别着的人类之间的差别。在共同的艺术形式面前，艺术爱者被唤起的不是对形式的占有而是对其个别性的守护。

人文性的观念，只是在言述个体生命与人类生命相关联的时候才适用，并不是人的所有活动（如战争）都具有人文意义。换言之，人文性意味着：个体生命在虚无中的自我建立和建立的个体生命如何同他人共在。正因为有限的个体生命绝对有限，所以，个体生命不再是人文性的终极设定者。个体生命所选择的造就自己存在的方式，只有在同他人共在的前提下才赋有人文意义。而在个人的存在中，艺术、形上、宗教恰好是纯粹人文性在场的三种方式。

艺术的人文性，既然不由绝对有限的艺术爱者承诺，那么，促使艺术爱者承受人文性的东西，或使个别艺术爱者在书写艺术形式中领受普遍性的东西，只能是一位高于一切艺术爱者、绝对保证人类和动物的差别性的神圣者本身。艺术的人文性，在人与上帝的张力中得以显明。艺术形式、形上观念、宗教信仰，仅仅是在为人的精神性存在所依存的纯粹精神——圣灵——作见证。相反，如果否定艺术的人文性的神圣本源，那么，艺术也不再为艺术爱者的共在承诺可能性。艺术的人文性，确保个别的艺术爱者赋有人类性向度。艺术形式所象征的生命情感，由于脱离了它依附的肉身而升华为人类共在的情感，艺术的人文价值在这种呈现艺术爱者的精神性存在中得以展示。

艺术与反批评

只要承认先验艺术论关于艺术的言说，就必然有对艺术的反批评的观念。艺术这种人的彼岸化生命情感的象征形式，唤起艺术爱者的是生命情感的形式化冲动。生命情感和生命理智的差别在于：它拒绝任何观念的陈述、阐释、追问，迫使艺术爱者汇融于形式中。

艺术批评包括两个方面：艺术的批评和艺术现象的批评。艺术的批评即对艺术这种精神样式和其他精神样式乃至学问形态的差别性、相关性的言说。在广义上，先验艺术论就属于艺术的批评。艺术现象的批评，指对艺术创作、艺术接受、艺术品、艺术家、艺术展示与传播的批评。先验艺术论批评艺术的结果，发现艺术现象不可批评。它展开的艺术在观念上的不可言说性，同批评以观念言说艺术的前提相矛盾。以观念言说艺术，这是以形上之思反思艺术，而把形上之思当作进入艺术的方式，这混淆了形上与艺术两种并存的精神样式的差别；把艺术形式和同艺术形式展示的东西分隔，这是用符号语言的内涵观照象征语言的产物。艺术以感觉性象征语言为展开生命情感的手段，其言说的一切，内含于艺术形式中。形式的开放性，期待任何艺术爱者的进入。但是，作为生命情感的形式阻止人以生命理智观念摄入。它要求艺术爱者在自己面前沉默，从而实现艺术形式和接受者的生命情感的直接交通。

由感觉性象征语言所创造的艺术形式，设定了艺术的接受方式，即只能通过生命情感的感觉，艺术爱者才能企及艺术形式。只有被感觉的艺术品，没有能够被理解的艺术品；只有对艺术品感觉的记录，没有用观念批评艺术品的理论。在艺术品之间，不存在比较它们的尺度，每件艺术品一旦是真正的艺术性作品，它就是生命情感的唯一象征形式。艺术家所创造的形式和接受者所感觉的形式都是唯一的。于是，评论艺术品的优劣，在根本上将不可能。批评家面对艺术形式，最多只可能言说自己的感觉。在读写活动中，对相同的精神样式，其书写的语言暗含着相应的阅读语言。艺术书写依赖于感觉，那么，艺术阅读也离不开感觉。感觉的私人性，使比较谁的感觉更真实的可能性不再可能。何况，对感觉这种心理活动，不存在所谓的真实性问题。艺术现象的批评，企图利用理性而不是感性、观念而不是感觉来认识艺术，又以艺术为理性文化的对象。批评家越是这样深入艺术，他就越是在背离艺术。"艺术家评论的是什么？他说了些什么？如何说的？在我看来，这些问题都不符合逻辑。因为艺术家什么也没说，甚至对情感的性质也没说什么；他只是在表达"，[31]他只是在象征。

不仅艺术的对象、语言拒斥艺术批评，而且艺术的使命也显明同批评的对抗。先验艺术论，把艺术形式的创造当作艺术的唯一使命。在艺术形式中，流逝的生命情感被开出于前景，生命理智、生命意志被后景置入于艺术爱者的心理意识生命体中。批评家以自己心理意识中的生命理智去同艺术形式所展示的艺术家的生命情感打交道，这已发生交流错位。反对艺术现象批评的目的，是为了捍卫艺术这种精神样式的独立性。相反，一般批评的潜在动因，来自于对批评家所依存的批评方式的护守，它与其说是在寻求艺术现象的艺术本源，不如说是在发现批评家赖以存在的根据。或许，批评家正是以艺术家所创造的形式为再次创作素材的人。

先验艺术论者经过对艺术的批评，提出艺术的艺术性根源，尽管他拒绝对任何艺术现象的批评，但并不意指艺术与非艺术没有尺度。先验艺术论，不知道艺术的理想象征形式是什么，但明白不理想的、非艺术的象征形式是什么。因为，理想的象征形式，创生在艺术爱者的创造中。一件被创造的艺术品，主要体现在艺术语言、艺术形式及其隐没于当中的艺术对象的独特性。艺术在这样的意义上，必然同只生活于日常伦理世界中的一般观众出现距离。一般观众甚至批评家，总是用习惯性语言企及艺术，这和包括艺术在内的一

---

31 苏珊·朗格：《情感与形式》，刘大基、傅志强译，北京：中国社会科学出版社，1986年，第457页。

切入文精神样式的精神相隔。真正的艺术品，很难让人在理性上加以理解。我们称理解一件艺术品，这指我们在作品中看见了自己想看的语言表达方式，看到了那些曾经在我们头脑中经验过的生命情感，即一度在过去流入我们意识生命体的东西。但是，艺术不是告诉我们已知的生命情感和熟悉的日常语言，它向我们展示的是未知的情感语言王国。所以，艺术家不被理解只说明他是在根据自己的主观感觉在创作独立的生命情感世界，因而也是在丰富人的生命情感世界。当然，一个虔诚的艺术家，在创作时并没有故意让人不理解的企求，他的不被理解的作品只标明他是凭借自己的生命情感冲动在创作。接受者在艺术品面前感到困惑，指示着它给出了比日常生活情感更多的东西。艺术所展示的是一个未知的、可能的、自由的而不是已知的、必然的、奴役的情感王国。如果一旦出现于形式中就能让接受者理解，这乃是艺术的不幸。唯有那些以摹仿、制作、再现为在场方式的作品，即那些没有真正的象征性的艺术性的作品，才把现成性的事物展示于接受者的眼前。真正艺术家的作品，总是为接受者开启一个新世界。摹仿性艺术、再现性艺术，不但不是艺术的一种形式，而且根本就是伪艺术的代名词。

艺术批评和从其中产生的艺术理论，由理性文化的神化所致。理性文化中，尤其是形上思者越过形上的界域进犯艺术，把形上的尺度强加于艺术。但是，既然我们能够对艺术现象提出批评，那么，为何我们不能对形上书写、形上阅读、形上品及形上家展开批评呢？既然我们可以构造艺术哲学，那么，岂不是也该有形上哲学么？不，艺术哲学，说到底是关于艺术的哲学性言说，或者以哲学代替艺术。每位形上家在自己的形上体系中对之前的形上现象展开批评，同样，艺术家也以自己的艺术品对以前的艺术定义提出质疑。如果说全超验的形而上学是对现成形上体系的根据做出批判的哲学，那么，先验艺术论也是在批评现成艺术批评理论后得出的关于艺术的规定性。但是，全超验的形而上学和先验艺术论，因以精神样式为形上及艺术的共性而不再是一种学问形态。个体生命如何在心理意识中承受普遍自我，构成形上、艺术、宗教优先考虑的问题域。

从先验艺术论关于艺术的规定性推出反批评，原因在于批评对象和批评方法之间的根本矛盾。艺术批评的对象，是感性的、象征的生命情感的彼岸形式；艺术批评的方法，是理性的、符号的生命理智的此岸观念。艺术内在的本性，排斥任何方式的批评。艺术意指：艺术就是艺术。

反批评基于艺术现象（艺术创作、艺术接受、艺术品、艺术家）和艺术的差别性，认为对艺术现象的批评不等于对艺术的批评，因艺术的规定性在取消批评进而呈现、亮出艺术本身。批评家只可能有关于艺术的理论而不可能对艺术现象有任何理论。艺术现象所指的，除了作为实践活动的艺术创作、艺术接受外，还有实存的艺术品、艺术家。实践的活动需要实践，实存的文本需要实存。

真正的艺术，有一种迫使批评家保持沉默的力量。它已在艺术形式中告诉批评家一切的消息，批评家从对艺术形式的感觉中也发现了自己生命情感的形式。正是在没有艺术的时代才需要批评，也是在艺术衰落的时代才有批评的繁荣。这时，批评的任务，就是呼唤艺术的诞生和兴盛。真正的艺术品，从不因为批评家的批评而减其一分本色；相反，伪劣的艺术品，从不因为批评家的赞美而增一分价值。艺术家的目光盯准的，应当是艺术而非批评家的脸色。

人类为什么还需要批评家？因为人类还未把艺术当作存在的精神样式，因为艺术的精神还没有生起于个体生命的心理意识中，因为许多人还不明白什么是艺术。只有在个体生命知道什么是艺术的时候，批评才会暴露出它本有的多余性。这是为什么艺术家特别讨厌批评的原因。艺术家将自己的生命托付给艺术，批评家把艺术家的这种托付阐释为一切艺术爱者的财富。两者的不同之处在于：艺术家创造艺术品，批评家将艺术家的创造物引领到艺术爱者面前。

反批评的根据体现在：艺术乃是人的生命情感的象征性形式，每次象征和每种形式，都赋有创造性。批评，总是依照既成的艺术语言框定创造性的艺术形式；艺术语言的感觉象征性，使依靠残破的哲学语言的艺术批评成为不可能。艺术批评的语言学前提，是符号语言的应用，艺术则是象征性语言的展示而非附加。所以，艺术象征中不存在附加是否准确的问题。批评家关于艺术品的言说，仅仅是他作为一个艺术爱者的感觉而已；艺术的使命，是为人的生命情感给出心灵图式。艺术家的艺术观念、意义、价值理想，无不呈现在艺术形式中。相反，艺术批评却在肢解形式，使形式这个生命整体退化为无生命的东西。总之，艺术批评家，就是那些既无能生产作品、又困乏形上之思的人。

当代艺术家的责任

在言说了艺术批评家之后，我们需要对当代艺术家的责任加以反思。当代艺术家，理应属于知识分子的一部分。

　　知识分子在词源上，指充满理性、赋有智力的人。理性的功能，是在常人看似相关同一的地方直观出差别，在平淡的现实生活中注入理想的生活图景。这是我们给予知识分子以批判性使命的原因。作为其中的一部分，艺术家通过创造人的精神世界中生命情感的象征性形式，参与当代社会生活及文化走向的批判。

　　和科学、伦理、美学这些学问形态不同，艺术属于与形上、宗教并列的精神样式。学问形态往往研究的是现成的对象世界，如物理学、植物学、动物学之类科学分别以自然性的物质、生长性的植物、生存性的动物为研究对象。它们在学问形态的研究中不是被构造出来的，而是现成地摆在研究者面前。除了利用经验实证与逻辑实证的方法外，科学便没有其他方法能够得出关于对象的结论。相反，艺术、形上、宗教则是一种人的内在品质，或者说，是提升人的精神生命使之不再向物质性的、肉体性的在者沉沦的精神样式。常说艺术创造需要天才，这旨在表明：艺术的确不仅仅是通过学习能够达成的，因为艺术家没有现成的对象用之于表现或模仿。所谓写实艺术，不过是理论家们受符号语言学的影响，按照哲学的思维方式总结出来的艺术现象。在符号语言学看来，一个符号的能指（音响形象）与所指概念是对应性的关系。换言之，符号的能指与所指完全是分隔的。所以，一些艺术理论家据此把艺术的写实对象当作艺术作品的所指，而把艺术的写实技法或者表现形式当作作品的能指。不过，事实上，在一件艺术作品里，艺术的内容（所指）和视觉图式（能指）原本一体地、不可分离地存在着。因为艺术的本体是象征。根据艺术本有的象征性，在写实艺术中，并不存在一个像自然科学那样的、所谓客观的现实对象。这正是写实艺术研究中不可能解决艺术与现实的关系问题的原因。艺术与现实的关系，是艺术理论家受到哲学的符号性思维方式的影响杜撰出来的伪问题。艺术这种精神样式，作为人的生命情感的象征性形式，哪里有一个与之对应的、外在于作品的现实世界呢？

　　人的精神样式的共同特点，即彼岸化。常人对形上、艺术、宗教的距离感便源于此。但是，距离感不能演变为冷漠感，否则，它们便失去了存在的空间；否则，人就会沉沦为没有精神性的存在者。不过，达成彼岸化的方式的差异，决定着三者对人的意识生命体起着不同的功用。形上借助观念，将人的生命理智彼岸化为思想的世界，没有对原初观念的追思，形上家就失去了作为家的根据；艺术在象征中把人的生命情感彼岸化为形式的世界，艺术家感觉到的原初图式成为他创作的支点；在宗教徒眼里，他以顿悟性指使语言发现原初信仰，他必须活出他所信的信仰、为其做活的见证。正是借助艺术、形上、宗教之类精神样式的表达，人作为个体生命才从其意识生命的状态升华到精神生命、文化生命的状态。相反，如果在一件艺术作品中发现的只是对人的本能的肉体生命的生存状态的表达而没有任何精神的、文化的转换，如果艺术仅仅成为人的本能生存的再现，那么，它就丧失了作为艺术而存在的依据。在中国当代艺术尤其是行为艺术中，我们发现了大量以本能的方式呈现人的本能生存状态的作品。它们既不是反文化的，也不是非文化的，更不是超文化的，而是无文化的表现物。它们在揭示不少当代中国人在动物性方面的追求上具有不可替代的文献价值。但是，它们作为艺术作品在艺术史上却没有存在的席位。历史以文化生命的传承为价值定向，将最终淘汰它们。

艺术在对象、语言、使命上的个别性，形成它在我们这个精神普遍沉沦的时代看护心灵的方式。艺术的对象为彼岸化的生命情感，艺术的语言为感觉性象征语言，艺术的使命为创造人生的形式。在三种精神样式里，艺术最具有形式性的特征，它把流走的生命情感呈现在形式性的艺术图景里，使之成为和我们日常生活情感——即人在伦理生活中所经历的亲情、爱情、友情——相异在的东西。换言之，由于艺术家在日常世界外为人创造出一个陌生化的又同人相关的情感图式世界，人终于获得了离开现实、同现实保持间距的可能性。人的生命，因为艺术家的劳作而得安息转换的机会，生活才不至于显得平淡无味。因此，艺术家，是人的生命情感图式的看护人。这恰好构成艺术家在知识分子中的特殊位份。

艺术作为人的精神样式，用艺术理论的话说，就是艺术因为人的灵感（属灵的感动，或曰精神感动）而存在。这意味着：由艺术家、艺术接受者构成的艺术爱者，与由艺术创作、艺术接受构成的艺术书写活动，都需要灵感的赴身。没有灵感，便没有艺术产生和欣赏的动力。所谓灵感，就是人的灵里（或精神上）的感动，或者是人的灵对在上的神圣之灵的感动，或者是人的灵被外在之邪灵驱动。艺术家有没有感觉，实质上是他对何种灵的承纳、呈现。进一步区分，人的灵感，可以细分为天赋灵感与人为灵感。天赋灵感，是人与生俱来之灵对圣灵与邪灵的回应能力。在不同程度上，每个人都具备这种能力。即使对那些不相信有灵存在的人而言，他的"不信"的能力，并非只是一种意识的产物。在终极的意义上，他的不信乃是基于他的信，他相信他处于一种不信的状态。这种确信，依存于他的完整的灵、魂、体的存在。动物有体、有魂，但无灵无精神，所以没有信仰。当人把天赋之灵向外界打开后，他面临两种选择，或让邪灵附身，或向圣灵开启。因为，人的灵，总需要同在上之圣灵或在外之邪灵交通。灵如风，只有在吹动中，在毁灭与安慰中表明自己的实存。从人的内在信仰选择而来的灵感，可以名之曰人为灵感。

按照犹太—基督教的传统，"耶和华上帝用地上的尘土造人，将生气吹在他鼻孔里，他就成了有灵的活人，名叫亚当。"[32]灵在《圣经》里大致有两种表述[33]，两者共有气息、气流、风的涵义。上帝把生气吹入人的鼻孔，人成为有灵的活物。这样，每个人生来就是一个有灵之在者。当然，艺术家不过是有能力把他的灵中的生命情感表达出来的人。

在当代艺术作品中，出现了艺术家因圣灵感动或邪灵驱动而创作的作品。前者直接纯化、升华、洁净人的心灵，后者间接唤起艺术爱者对这些美好灵在的渴望；前者创造、奠立人生，后者毁灭、拆解人生。尽管不少艺术家无意识地被邪灵驱动，但也有少数艺术家，自觉地选择了邪灵的王国，专以生存、游荡于其中为乐事。不过，我们却不能简单地、暴力地认为他们的作品便是"邪艺术"。即使是邪艺术，在现代社会也需要以平等的讨论来面对而不是以独断的行政命令来禁止。何况，艺术最需要的是它的实验精神，正如人最应该有的是他的开放精神。艺术作品充满邪灵，艺术爱者借此期待、呼唤圣灵的临在和圣灵的赴身。在基督信仰中，邪灵是为了圣灵而存在；在艺术现象中，艺术家受邪灵驱使而创造的艺术，也是为了向艺术爱者昭示另一个充满圣灵的世界，一个由圣灵光照、吹拂、安慰的世界。

艺术家，为什么会选择邪灵的驱动作为自己创作的感性动力呢？因为人天然的罪性——肉体的情欲、眼目的情欲再加上今生的骄傲。肉体的情欲，把一切事物变为人肉身需要的对象而不是精神的对象；眼目的情欲，把万国的荣华归于自己有限的人生而无视他者的形式存在；今生的骄傲，渴望在有限的人生中达成无限而忘记了自我表达的有限与人生的限度。在基督教看来，人若沉溺于这些而不愿悔转、归向原本无限、配得荣华的那位，那么，他便是主动选择了罪的生活，沦为邪灵的奴隶。他的心思意念、他的眼目所望、他的今生所求，只能以肉体生命的生存延续为念，他最多把自己当作意识生

---

32 《创世记》2：7。
33 参见《撒母耳记下》23：2和《罗马书》7：6。

命的活动物，不可能去追求此外作为精神生命、文化生命、灵性生命的存在。在此意义上，对艺术家而言，重要的不是生活，而是选择什么样的生活，信仰什么样的灵在！

艺术家和科学家不同：他存在，不是要向人传播关于世界的知识。艺术家带给人们的自由，是通过形式获得解放，把人们从混沌的情感体验中解放出来，赋予人生以图式表达的丰富性。这正如形上家通过观念、宗教徒通过信仰获得自由一样。在这个意义上，艺术家和常人的区别体现在他的精神生命的多样性上，他需要不断在表达自身的情感体验中超越自身的表达。艺术形式的更新，乃是艺术家的天职。如果一位艺术家只能利用单一或多种艺术媒材重复表达最初成名时创造出的某种艺术图式，如果艺术家因为收藏家的金钱意志而不知疲倦地复制某种艺术图式，那么，他和一个反复生产麦当劳的西餐师有什么不同呢？他将沦为一个平庸而丧失勇气的知识分子，即使他被批评家推选为所谓经典的代表。不幸的是，在中国的当代艺术界特别是油画界，不少艺术家获得了这种殊荣，并为此而沾沾自喜。

因此，知识分子天生的理性批判精神，在艺术家身上将对象化为一种感性的形式批判。用观念在思想层面批判现实生活，这是形上家的方式；以信仰在实践层面审视世俗生活，这是宗教徒的方式；艺术家的方式，乃是用形式质疑日常生活的根据，并将这种质疑建立在形式图景上。三种精神样式，各自赋有内在的质素，为知识分子如何面对自己的现实处境给出了存在的武器。一旦艺术家忘却了自己对形式的感觉和创造，他就不再拥有作为知识分子艺术家的身份。即使对观念艺术家而言，他也必须把自己的艺术观念展示在形式图景里，否则，他只可能是一个拥有片断观念的形上家。

另外，艺术家的形式批判，除了他对生命情感图景的看护外，它还得面对在形式上被批判的境遇。历时性的艺术发展史，为此提供了参照。并不是凡有形式的东西都是艺术，但凡是艺术都必需具备呈现艺术观念的唯一形式。历史上的多数艺术杰作，都为人给出了生命情感在当时的特殊图式，让人永远想起这种图式背后的东西。艺术家如果要真正称得上知识分子，只是因为他在形式地批判现实中保持着被形式批判的谦卑。他不仅需要不断超越自我，而且在欢迎被他人超越中再次投入重构自己的理想精神图式的未来事业，从沉沦的日常生活中生起生命的形式光芒。

第四章　体验宗教论

在关于文化的心理性与精神性的解明中，我们发现形上、艺术、宗教这三种精神样式正处于文化心理层面和文化精神层面的交汇点。三者构成文化心理同文化精神彼此往来交通的过道。个体生命的文化心理，借助它们走向外在的文化精神；显现于他人、历史的文化精神通过阅读、倾听生成个体生命的文化心理。

从英语构词看，形上（Metaphysics）、艺术（Art）、宗教（Religion）并非是一种像语言学（Philology）、心理学（Psychology）之类的学问形态。它们并不提供现成性对象让人研究，它们的对象始终和人的内在意识生命体的意识相关，同时和外在精神生命体的精神纠缠在一起。离开人的意识生命体中的超我意识与精神生命体所映现的普遍自我，作为精神样式的形上、艺术、宗教便失去了根基。而且，这种根基，还不是两相对立的静止的期待者，而是相融者、相交者，一方向另一方而去，一方在接纳另一方中开放、充实自身。形上、艺术、宗教，就从这种开放充实活动中涌现于个体生命的心理意识与社会精神里。

宗教在拉丁语里为 religare，意指"约束"。在传统意义上，宗教是最深入地束缚着一个社会的东西。它同个人的信深深相关，也是借助个人的信，社会才被宗教所规范。那种"约束"人的东西，显然比"被约束的人"更加伟大、有能，一定是和人根本相差别的东西。即便这种约束力量来自于人类中的某个人，但他一定会被受约束的人信仰得更伟大、更赋有神秘性，他不是一个和常人毫无区别的人。

宗教和人的生命意志相关

宗教以何种方式去约束个体生命的存在？它同人的存在本源中的哪些因素发生必然的联系呢？

宗教这种精神样式，相较于形上、艺术的独特性在于：在主体化本源中以我为的方式、在客体化本源中以生命意志去承受普遍自我的承诺。意识生命体在我的所为中、在我固执地信仰我所信的对象中，将生命意志的决断性展示出来。从动态学的意义上，宗教关涉到人的存在的全部领域，因为宗教在文化心理层面是生命意志彼岸化的行为、行动。人不满足于此岸的人生，但又无法超越此岸的有限而通达彼岸，于是，宗教便是实现这种超越的形式。

人的此岸生活的终结，最本真的表现是个体生命的死亡。死亡打破了人超越此岸的任何幻想，使人的一切努力走向虚无，把人的生命意志的全部作为绝对地有限化。不过，也是由于死亡，此岸和彼岸才呈现出无法跨越的分界，是死亡让此岸成为此岸、彼岸生成为彼岸。相反，宗教在对死亡的自觉中，反照出人的存在的伟大性。因为，宗教将死亡的边界抹去，使人获得另一种生命、获得在彼岸再生的可能性。

有人把祖宗崇拜当作宗教的起源，其原因在于：被崇拜的祖宗，一般情况下乃是不在此岸的亲人。对活着的人，谁也不明白那些死去的人归向何处，即是说，他们意识到死者与生者的绝对差别，同时又渴望消除这种差别，恢复死者的魂灵。实际上，生者与死去的亲人借着血缘相关，而生者之死打断了这种亲切的相关性。为留住死者，人们在一些仪式的引导下，把死者唤回生之此岸，重新承认他们的生命意志同自己的联系，他们如生前般栖居于生者之间。他们的意志成为护守生者的力量。

祖宗崇拜，一方面基于生者之死——生者与死者在血缘上的关联因死亡而被阻断，一方面又否认死亡在生者和死者之间的绝对阻断。其间，乃是借助仪式、言语（如咒语、符箓等）的力量消除两者的间隔。"从最早的时候起，宗教就与巫术或妖术有所不同，它总是向有血缘关系的亲善的人们讲话。""生者总是尽他们的全部力量使灵魂留住在自己身边。死者常常就被埋在作为它永久住所的宅第内。死者的精灵成了看门神，而这个家庭的生命财产就依赖于它们的帮助和恩惠。亲人在去世时常常被恳求不要这样离去。泰勒引的一首歌这样唱道：'我们曾敬你爱你，一直与你同吃同住，啊！不要抛开我们而去！回到你的家里来吧！这里已为你打扫得干干净净，这里有曾爱过你的人儿，这里有为你准备的饭和水；回来吧，回来吧，再度回到我们身边来。"[1]死者的离去与再来，生者的敬爱与呼求，最终都是他们意志的决断。死亡似乎是死者不再有意志、情感、理智的决断，人的存在让一切可能的决断生成为现实。死亡横在死者与生者之间。祖宗崇拜的宗教意义，表现在它对死亡的越渡。

不过，从祖宗崇拜理解宗教，还是基于一种外在的理解，即从生者与死者的关系去理解。这种理解，严格地说，只能叫做"宗教副现象"，而不是宗教本身。

作为宗教本身的宗教，始终是个人与一种比他更神秘、更伟大的对象之间的关系。祖宗崇拜只有在下述意义上，才具有宗教的特点：死去的亲人，因死亡后的神秘而获得了与生者根本相差别的力量。凭借这样的力量，他们成为生者崇拜的对象。他们在一定程度上，成为外在于生者、又主宰生者的魂灵，因而向生者呈现出不可知的一方面。谁也无法再企及他们、同他们交通往来，把他们的意志和自己的意志联系在一起。这种生者与死者在意志上的中断，是死者可能成为生者崇拜对象的原因之一。

卡西尔在言说宗教与巫术的关系时，言中了宗教的个人性。但是，在宗教和个体生命的相关因素中，卡西尔却忽视了意志在宗教中的前景作用。他说：信仰巫术是人的觉醒中自我信赖的最早最鲜明的表现之一。在巫术仪式中，人不再感到自己受自然力量或超自然力量的摆布。他开始发挥自己的作用，生活于具体的场景。每种巫术活动，都建立着这样的信念：自然界的作用在很大程度上依赖于人的行为。人在履行巫术仪式中，显示自己的力量感——他的意志力和活力。他意识到自己能凭借精神的能力调节、控制自然力。巫术活动，是参与者个体生命意志的实现和在活动中的介入。宗教和巫术，存在共同的起源——生命一体化的感情特质。人在巫术中以"交感"的方式和自然发生联系。马林诺夫斯基描述特罗布里恩群岛土著部落的各种庆祝活动，伴随神话故事及巫术仪式。在祭祀、丰收欢庆的季节，父辈提醒年轻一辈：他们祖先的魂灵要从阴间返回来。他们回来几周，再度居住在村庄，栖息在树上，坐在特地为他们筑起的高台，观赏巫术舞蹈。这种活动，使人们彼此融为一体，且与事物、时空的界限消失了。生、死的界限也随之消失了，生者的意志与死者的意志融合了。

1　恩斯特·卡西尔：《人论》，甘阳译，上海：上海译文出版社，1986 年，第 112 页。

　　卡西尔将生命情感的一体化，当作巫术与宗教的共同起源。但是，同时在对两者的交感方式，即如何一体化的方式上做出如下的区别：宗教的交感，为个体性的感情提供充分发挥的机会。原始宗教并没有这种个体性的特征，正如考林顿对波利尼西亚人的曼纳的解说，它是一种并非物理的而是超自然的影响力，但是它显现在物理的力，或在人所具有的一切力或美德中。[2]后来由于分工，宗教走向揭示人格因素的道路。

　　人格因素显明于外在的社会中，乃是它的个体性质素。在希腊诸神中，个体性得到充分发挥。荷马和赫西俄德为希腊诸神命名，菲底阿斯为奥林匹斯山的宙斯塑像，清楚表明人神的相互关系。人在描绘神祇中寻找到自己的形象。人的千姿百态、喜怒哀乐、气质特性，甚至于癖好，表现于神的一切行为中。每位神都有自己所爱的特殊对象。

　　个体性超越整体性，人为实现自己的欲望，必须同自然力合作。伦理的意义取代了巫术的意义。靠着自立的决定，人主宰自己的行为，其次才是他对行为结果的义务。他按照自己的本分创造世界秩序而非旁观者。但是，伟大的先知们、改革家们，总是把自己的宗教体验、宗教灵感当成自己的生活——个体的存在使命；他们同社会由此拥有千丝万缕的联系。[3]的确，在原始宗教里，并没有个体性的情感特质。但是，不能否认希腊诸神的个体性。这也决不意味着它作为宗教信仰对象的个别规定性。希腊哲学和雕塑艺术一样带有鲜明的个体性。而且，比起与个体生命情感的相关性而言，宗教的交感更多地源于个体生命中的意志活动。宗教所需要的某种特殊的直觉和灵感，正是由于与意志的相关性，它使宗教不来自于本能、理智、理性，甚至与情感也处于一种间接的关系。

　　各种宗教的差别，只是由对待宗教的对象——意志——的态度的差别所致。基督宗教以三位一体的上帝为实现个体生命意志的彼岸化，所以，它必然涉及上帝与意志的关系问题。这种关系包含两个层面：一是上帝的意志性，一是上帝对人的意志的态度。

　　上帝的意志，实现于上帝对以色列民的拣选中，这是《旧约》时代上帝意志的达成方式。上帝的意志在以色列的历史中。到《新约》时代，上帝意志以基督的肉身化完全地展现出来，这便是上帝走向人的爱。上帝的意志在耶

2　恩斯特·卡西尔：《人论》，甘阳译，上海：上海译文出版社，1986 年，第 123 页。
3　同上，参看其中"神话与宗教"部分。

稣基督的成人事件中。"上帝爱世人，甚至将祂的独生子赐给他们，叫一切信祂的，不致灭亡，反得永生。"[4]上帝的意志，由耶稣的灵生、宣道、受死及基督的复活、升天、再来、审判得以完美地成全。这里，上帝的意志即爱的意志。祂能够表现出世人没有的圣爱的力量，因为祂本身是万能意志的存在。还需要说明的是：无论《旧约》时代还是《新约》时代，尽管上帝达成意志的方式发生了变化，但上帝的意志本身依然未变。人的此在本身，"为一种自由的、意志的设定所肯定"。[5]这个自由意志的设定者，乃是作为存在的上帝。"上帝是人的精神的在先把握运作之所向，这正是由于祂作为自由的力量出现于有限者面前。所以，一旦有限的认知认识到上帝，它便为上帝已对此一有限者的自由设定——我们称这种设定为创造——所承载。"[6]一个拥有自由力量的上帝，当然是一个自由实施自我意志的上帝。人的精神所认识到的绝对在，"是一个自由的、自身禀有主宰力的把握着自我的人格"。[7]

在基督信仰中，上帝的意志性、上帝的力量，并不是体现于祂对人的控制上，而是以爱为终极的表达方式。正因为上帝的本性是爱，而且照自身的样式造人，所以，人从上帝那里也承受了自由意志。上帝爱人，又相信人，将自由意志赐与人。人却背离上帝，把从上帝那里领受的自由意志堕落为不自由的意志，使人受束于罪及死亡。但是，上帝并不因此而抛弃人，相反，祂一如既往地向人展示祂的爱。从此，上帝的自由意志与人的自由意志的差别为：前者的绝对自由性。上帝不受制于人的自由意志的沉沦或生起，祂自由地把握着自身意志的所向。

人以自身的自由意志，认信或拒斥上帝的自由意志——爱。人虽然有这样的自由，但在其认信与拒斥的决断中却没有脱离意志的自由，是人的意志在认信与拒斥。"意志是所有人自己的力量，是一切行为和活动的开端；因此，只要我们的意志不接受上帝，我们的行动中也就没有上帝。人只能在自己意志中抗拒上帝，和上帝分开，除去上帝。因此，神意也要求我们不要有什么外部行为，不要有我们自己的意志，希望我们执行神意；所以，只要我

---

4 《约翰福音》3：16。

5 K.拉纳：《圣言的倾听者》，朱雁冰译，北京：生活·读书·新知三联书店，1994年，第98页。

6 同上，第99页。

7 同上。

们不想这样作，神意就不能在我们中实现。"[8]人在放弃自身的意志中承受上帝的意志，否则，人还是在利用自己的自由意志抗拒上帝。所谓对上帝的信仰，就是人在失去自己的意志中承纳上帝的自由意志把自己的意志献给上帝。

基督宗教对上帝与意志关系的解明，向我们开启了作为宗教的基督宗教本身和意志相关的规定性。难怪原始基督教将人的本质属性答案定在意志。"成为一个人或者过人的生活，就意味着争取某物、渴望某物、施行意志力。"[9]在人的争取、渴望、施行中，必然有人的意志的介入；这对基督徒而言乃是上帝意志的在场。

意志在基督宗教中的作用，微缩地展示出意志和宗教自身的关系。在基督宗教里关涉的意志，指向上帝意志本身。它极端地表明作为宗教对象的意志同日常生活中的意志的差别：前者为一种彼岸化的意志，后者实践于我们的日常生活。宗教这种精神样式的呈现，恰恰基于人对自己的日常生活意志的不满足、软弱性的自觉。"宗教性意味着，在思想中并由此以整个生命，始终向生活中的那一向度——历险的、神秘的、超强和超一理性的向度——敞开自己的心灵。"[10]存在一维非日常的向度，对这维向度，只能借助我的意志、我的行动才能渗入。这也就是 H.奥特所说的"敞开"。在宗教性中，人向和自己存在根本差别的那一维向度敞开的，是生命意志而非作为思想本源的理性、理智。敞开需要敞开者的意志的在场，不需要他的思想、他的爱意的阻隔。敞开者同敞开的行为融为一体，敞开者在敞开中敞开。

祈祷作为一种宗教语言的原因

至此，我们主要是从宗教的对象方面言说宗教。宗教同人的生命意志相关。这种意志还有一种彼岸化的倾向，或者说同彼岸的意志联系在一起。在与人的生命意志根本存在区别的全能意志面前，人在形上之思中所应用的感应性符号语言和在艺术之爱中所择取的感觉性象征语言完全失效。宗教所涉及的对象——彼岸化的生命意志，决定着它的语言的指使性。

---

8 索洛维约夫，转引自刘小枫主编：《20 世纪西方宗教哲学文选》，上卷，上海：上海三联书店，1994 年，第 581 页。

9 同上，第 121 页。

10 H.奥特：《不可言说的言说》，林克、赵勇译，北京：生活·读书·新知三联书店，1994 年，第 79 页。

在宗教语言里，能指与所指之间无明确的界限。能指消融于所指，所指直接指示出能指。音响形象和视觉形象，对唤起人的宗教感不再具有本源性的意义。人的宗教感有其另外的根源，这就是人的生命意志的彼岸化。人以祈祷为宗教言说的一种方式，其原因内含其中。

所指既然完全呈现于能指中，能指也于所指中见出自身，宗教徒还需要用什么多余的语言言说呢？人的自由意志的特质，就在于它能以沉默的、祈祷的方式来言说。只有在祈祷里，人才能深入到自己所相信的对象本身中，使所相信的对象成为自己生命生长的全部现实。"祈祷是人与那个'终级机关'突破一切限制的相互行动，通过这一机关，所有人同契共在，没有任何'中间机关'能使我们与它的爱分离。"[11]所有的人在祈祷里，祈求在上的那一位与自己同在。

祈祷一方面内含人与上帝的对话关系，一方面还有两者间的互相切入、往来、交通、期待。人的生命意志，因着祈祷同上帝意志化为一体。上帝在祈祷中介入人的生活，通过祂的意志改变人的意志。祈祷，构成人神关系或神人关系的切点。所以，"谁不祈祷，即不把自己意志同最高意志结合起来，那谁或者就不相信这个最高意志、不相信善，或者认为自己是善的全权占有者，认为自己的意志是完美而万能的意志。不相信善就是道德上的死亡，相信自己为善的根源，就是发疯。相信善的神源并向它祈祷，把自己全部意志献给它，就是真正的智慧，就是道德完善的开端。"[12]

但是，祈祷的对话性，差别于人人对话关系中的对话性。因为，在人与人的对话中，对话者必须亲临现场，他们灵的对话源于他们的肉身现实的在场。肉身一方面以言说的方式向对话的另一方而去，同时又以倾听话语的方式接纳对方。对话意味着话语在对话者之间游荡、振撼、回应。一旦话语消失于虚无中，对话者的对话也停止了。生活中对话的沉默，便是基于话语的远去。对话要进行下去，话语必须在对话者之间建立共同性，即某些话语成为对话者间的语言而非私人性的言语。当然，对话过程中，也不乏私人性的言语。但是，这种言语，只有通过解释、说明、定义转换为在场者能够理解的公共性的语言，对话方能实现。和祈祷语言的私人性相比，对话语言更赋有公共性的特质。

---

11 H.奥特：《不可言说的言说》，林克、赵勇译，北京：生活·读书·新知三联书店，1994年，第112页。

12 索洛维约夫，转引自刘小枫主编：《20世纪西方宗教哲学文选》，上卷，上海：上海三联书店，1994年，第577页。

祈祷语言的私人性，意指祈祷中呈现的语言必然指向祈祷者个体的语言。祈祷者以自己的语言祈祷，于祈祷中说出自己所祈祷的那一位，同时也敞开自己的灵性生命。个人体验的那一位，即他所祈祷的那一位。祈祷者的言说，直接就是对所祈祷的上帝的倾听，在言说者与上帝之间，时间从历时性扭转为共时性。祈祷者相信上帝与自己的同在，因为上帝在祈祷者的祈祷中同时在下入场，将祈祷者的肉身变形为所祈祷的那一位的样式。

祈祷完美映现出宗教语言和形上语言、艺术语言的差别性。后两者要求符号语言的感应性与象征语言的感觉性，前者只要求指使语言的顿悟性。只要在祈祷中言说，祈祷者就在言说出上帝；只要在祈祷中倾听，他就在倾听中听出上帝。神秘论所导向的"一个超越语言的世界"，[13]实际上指对符号语言、象征语言的超越，而非对指使语言的超越。换言之，神秘论拒斥利用符号语言的音响形象、象征语言的视觉形象唤出意义，而是以指使语言的方式展开意义。否则，它甚至连这样的话语都不可能说出。

为什么指使语言中没有类似于音响形象、视觉形象之类的能指成份？因为，指使语言中的能指与所指完全同一。不了解这一点，必然产生神秘论。既然指使语言中能指与所指同一，既然指使语言为宗教的语言，那么，宗教徒在宗教仪式、赞美、敬拜、祈祷中和所信的那一位便没有分隔。宗教徒所信的那一位，临在于宗教仪式、赞美、敬拜的过程中。谁也不会去寻问宗教语言的准确性，更无人去问宗教徒在祈祷中的所指涵义。

不信基于我的信

在简单地引出宗教的对象、语言后，我们面临如何理解宗教的使命——信仰问题。

宗教的对象关涉到生命意志的彼岸化。但是，生命意志在人的存在的主体化本源中怎样实现其彼岸化呢？生命意志作为人的存在的客体化本源，同生命理智、生命情感的差别在于：它指向行动，它要迫使人为其所为，它以我为构成生命意志本身现实化的手段。

我为具体化于宗教中，即我信。我相信我所相信的对象，我把自己完全托付给祂，我信赖祂，我依靠祂。信仰由此同我相关，同时和我所信的对象

---

13 恩斯特·卡西尔：《语言与神话》，于晓等译，北京：生活·读书·新知三联书店，1988年，第93页。

相关。在我与我所信的对象之间，无需任何理性能力的帮助，更不必借助情感的投入。但是，我得将自己的生命意志放入其间，使我与我所信的对象构成一种坚固的、无条件的关系。我确信我所信仰的对象对我的真实性和意义。我所信的对象，在我的信仰行为中向我走来，祂改变我、模造我，让我变得和祂一样。

从我这方面言，信仰"是个人决定、灵魂转向的力量的信仰"。[14]若我不决定信仰，若我的灵魂不渴求改变，我就是不信。即便如此，在我的不信中，我依旧相信我的不信，我还得决定：我不信。否则，我不信乃是无根基的。注意：这里说的是无根基而非无根据。我认信和我拒信的理由，在于我的生命意志的决断，而非我的生命理智的言说。两者都来源于我同我所信的对象之间的关系。这种关系的内涵，必须由我个人来做出回答。谁也帮不上我的忙。

在我和我所认信的对象的关系之间，我或者认信或者拒信这种关系。在终极意义上，我拒信也是建立于我信之上，因为我得相信自己的不信，我相信我在拒信，我相信我和我所不信的对象存在某种关联。于是，在我和所不信的对象之间，我因其不信而成就为我信。在逻辑上，由此说明了信仰对每个信徒及不信的人的必然性。谁也逃不脱信仰问题，即使对那些不信的信仰者。他们只不过是藉着他们的不信表达他们的信。

从我所信的对象看，信仰和一种我在理智上不能完全明白、在感情上不能完全投入的对象关联。在意志上，信仰把我引向这种对象。"信就是所望之事的实底，是未见之事的确据。"[15]信仰的对象，正是我所盼望的对象，更是我在此岸未见的对象。若我已见过我信的对象，我就无需再信仰祂了。那时，因为我已在祂面前，祂也在我面前，我无需向上仰望，无需体验我的信与不信。我所信的对象一旦来到我面前，我的不信将转变为我信，我不得不相信：我的不信是错误的态度。纵然我不做出任何决断，但我所信的对象迫使我确信：我的拒信是不可能的。

在我所信的对象还是一种未见的对象时，我的认信意味着放弃自己的确实性，"随时准备寻找仅仅在不可见的将来和上帝那里才会出现的稳靠性。

---

14 K.拉纳，转引自刘小枫主编：《20世纪西方宗教哲学文选》，上卷，上海：上海三联书店，1994年，第466页。

15 《希伯来书》11：1。

信仰是这样一种稳靠感，在此稳靠感是不可见的，如路德所说，它是随时准备投身于将来的冥冥之中的一种状态。"[16]布尔特曼这段话，更适合于描述一般信仰，而非基督信仰所关涉的对象。在基督信仰里，对当今的基督徒言，耶稣的复活、升天、再来、审判纵然是未成就的应许，但祂的灵生、爱道、受死却成为一种可见的现实。凭着这种现实的可见对象，基督徒才相信那现在不可见的应许。十字架上的耶稣基督，为认信祂的人的信仰给出担保，也洞照出那些拒信祂的人的罪。这些人越是不信上帝的基督，便越陷入自己的罪中。罪要么因耶稣基督的十字架而被赦免，要么继续持存于不信者的心中。

我和我所信仰的对象的关系，展示出信仰的中间性。我和我所信的对象，是因着信本身而关联一体。"人们永远都无法充分地将一个人'相信什么'（fides quae）与'他相信'（fides qua）这个事实区分开来。"[17]"'我信'，那信仰当然是我的，是一种人的经验及行为，即一种人的存在的形式。""我不孤立，上帝和我交接，我无论在任何环境之内，都和祂结伴同行。这就是我信于父、子、圣灵的上帝的意义。这种和上帝交接就是和上帝在耶稣基督里所说的恩惠之道交接。……基督徒的信仰就是和这个以马内利交接，就是和耶稣基督交接，且在祂里面与活的上帝的言语交接。"[18]以马内利，指在耶稣基督里面我们与上帝同在。如果把基督信仰的对象看作信仰对象的一种特殊形式，那么，我们将得出如下的结论：我因着信而和我所信的对象同在。我所信的对象，伴随我的信使我度过每一天每一刻。我不孤独，因为我所信的对象是我的伴侣；我不痛苦，因为我所信的在安慰我的忧愁；我更不空虚，因为祂要丰盈地住在我心里，充实我灵的空洞。我把自己的一切事情托付给我所信的对象，平安地迎向祂的到来和祂对我的召唤。

宗教对象的体验性

一般情况下，宗教研究以现成的教理教义、教团教徒为对象。这种研究，可以称之为外部研究，其典型的学问形态即所谓的宗教哲学或宗教学。"所

---

16 布尔特曼，转引自刘小枫主编：《20世纪西方宗教哲学文选》，上卷，上海：上海三联书店，1994年，第280页。

17 谢列贝克斯：《信仰的理解诠释与批判》，朱晓红等译，香港：道风书社，2004年，第84页。

18 卡尔·巴特，同上，第487-488页。

有的宗教哲学，从根本上讲都无非是试图说出人等待与上帝相遇、人发现他的上帝的可能地点。""宗教哲学对我们而言理应是对上帝启示之可能性的论证。"[19]作为哲学的一种个别形式，宗教哲学离不开哲学的、系统的方法。不过，由于宗教哲学始终关涉个人性的宗教经验，宗教哲学家在自己的研究中多少注入了自己的宗教的或准宗教的经验。在此意义上，宗教哲学也是基于研究者的宗教经验的内部研究。

但是，宗教哲学不是宗教，哲学研究的方法根本无法企及宗教本身。因为，宗教不属于一种学问形态而是一种精神样式。这种精神样式认定精神的信仰性，它和展示精神的形式性的艺术、言说精神的观念性的形上有别。

价值逻辑论把宗教纳入人的心理价值逻辑加以考察，从宗教的对象、语言、使命开出宗教的内涵。它不否定宗教哲学对理解宗教的价值，而是去除关于宗教的哲学沉思成份，直接切入由对象、语言、使命组成的宗教内在结构，探明它们三者的差别性与相关性。

在人的客体化本源中，宗教是人的生命意志彼岸化的产物。每个人都有对自己的生命意志彼岸化的需要，因而每个人无不蕴藏着宗教感。真正的宗教，发源于人的心灵深处。人的死亡，使此岸的生活价值、意义变得有限；而有限的生命，只有在托付于无限时才带来内在的安全感和稳靠感。没有这种对无限的托付，人的存在将是飘摇不定、前后不稳的。宗教内在地构成人的存在性的一部分，因而有人便有宗教，正如人对艺术、形上的永恒需求一样。当然，也有人以艺术的创作、形上的沉思、道德的修为、学问的探究等来代替自己内心深处的宗教冲动，从而以它们来代替宗教本身，即以艺术、形上、道德、学问等为宗教。

意志既不像理智那样确立差别，也不像情感那样使差别融为相关。在相关性的情感和差别性的理智之中，意志承诺它们以现实的可能性。在描述意志在人格中的作用时，法国哲学家马利坦写道：意志"规定**它自己**；即是说，意志使理智从那种不能有效规定意志活动的玄思地——实践的判断过渡到唯一能有效规定这个活动的实践地——实践的判断。正是意志借一种起于人格深处的活动，**借一种人之作为人的活动**，而在其间发生作用，并且在其中，

---

19 K.拉纳：《圣言的倾听者》，朱雁冰译，北京：生活·读书·新知三联书店，1994年，第125、55页。

实践的**命令**在造物中与创造的**命令**有着最大可能的相似。"[20]意志使人成为人获得现实性的基础，它从虚无地平线上生起人的存在现实。人的存在，除了理智的、情感的作用外，便是意志的作用及意志的功能所造成的。

我们所说的意志，指个体生命发出的意志，而非一个纯粹关于意志的观念。意志不是观念，它是同个体生命相结合的、根植于生命的生命意志。在广义上，生命的生长离不开意志；在狭义上，人的生存、存在和生命意志相关为一体。同人的生命理智、生命情感一起，生命意志生成人的存在的客体化本源。

生命意志继承了生命植物的生长性、生理动物的生存性，以人的意识生命体、精神生命体、文化生命体甚至灵性生命体的生成为目的，用人的存在筑起人类栖居的大地。

生命意志展开自身的方式，一是此岸的审美，一是彼岸的宗教。

宗教以彼岸化的生命意志为对象，它是人的生命意志在彼岸化中留下的踪迹。需要特别指出的是：彼岸化差别于人们通常所说的将来化。将来作为时间之维，是现在时段的延续。它和时间中的现在一起构成时间。彼岸相对此岸而言，因此不在此岸的时间中和此岸的将来中。作为领纳彼岸、由彼岸光照的此岸，完全依存于时间中的现在之维。彼岸在现在中呈现自身为此岸。至于如何呈现，每种宗教形态都对此做出了不同的回答。但是，不管每种宗教形态的答案有多么相异，其共同性大于其差别性。这种共同性，构成个别宗教形态的宗教性。生命意志的彼岸化，便是这样的共同性的规定之一。

生命意志的彼岸化，使人必须预设一个根本差别于人的生命意志的全能意志。人的生命意志的尽头，它的作用、功能的边界是死亡。在每个人死亡之际，其此岸的生命意志将无能为力。于是，在人的存在中，人寻求一个能够提升自己的全能的彼岸意志，让他构筑起生命不再死亡的希望。所以，彼岸的全能意志、无限意志最大的特征就是对死亡的征服。如果彼岸意志受死亡限制，并屈服于死亡的能力之下，那么，这样的彼岸意志，已经沉沦为此岸的生命意志了。生命意志在其中的彼岸化就只是一个幻想。在人的有限性意义上，人所预设的彼岸意志最终沦为一个假定，有限的人预设的彼岸意志将是有限的，而有限的彼岸意志对死亡无能为力。因此，人所预设的彼岸意

---

20 马利坦，转引自刘小枫主编：《20 世纪西方宗教哲学文选》，上卷，上海：上海三联书店，1994 年，第 398 页。

志，只有建立在某种全能意志的承纳上才获得了其真实性的根基。从这里，宗教作为人追寻全能意志的道路必须颠倒为全能意志对人的追寻。生命意志的彼岸化，无非指人对彼岸的全能意志的承纳。

全能意志的全能性，不但表现在对此岸的有限性——死亡——的绝对限定上，而且承诺此岸人生的内在根基。这种根基，建立在此岸之上的彼岸上，而非时间中的将来之上。宗教由此关涉人生的不朽问题，它把人的有限生命引渡于无限中。

全能意志介入时间中的个人的生命意志。但是，它不是从时间中介入时间，当然也不是从时间中的未来介入时间中的现在。因为，从时间而来的全能意志受制于时间本身，它只不过是时间中的生命意志的一种特殊形式。全能意志若是全能的，其全能性就在于对时间的超越，不但是对过去之维的超越，而且是对未来之维的超越，是基于时间中的现在之维对个人生命意志的承诺。它以时间中的现在为切点承诺个人的生命意志。那种把自我理解为对过去的接受和对未来的献身的观点，以及将本真的现在规定为现在对过去、未来开放形成的统一体的思想，其结果将抹去终极信仰的彼岸性。[21]

根据时间历史论，现在仅仅为终极信仰呈现之在，而非简单的对过去的承受、对未来的献身。生成着现在的个人的生命意志，始终和彼岸的全能意志发生内在的、不可缺少的关联。倘若个体生命的存在中缺乏指向彼岸全能意志的根本向度，其沉沦于时间中的命运就不可避免。这样的个体生命在时间中被时间所淹没，最后一劳永逸地消失于死亡中。

宗教以生命意志的彼岸化为对象，这意指：宗教将个人的生命意志和彼岸的全能意志联系在一起，而且，我们从前面的逻辑展示中看到全能意志对于个人生命意志的内在必要性。生命意志若要使意识生命体不消失于虚无、死亡中，它就必须在彼岸化的进程中存在，即在自我否定中承纳全能生命意志的在下承诺。宗教对象的体验性，表明个人的生命意志如何具体经历彼岸的全能意志的否定性迎接。任何个人之外的人，包括他最亲近的友人、爱人、亲人，都无法替代他本人去同彼岸的全能意志发生关系。他们只能将某个人带到全能意志面前，告诉他承纳全能意志的必要性，让他明白全能意志对个人的生命意志存在的必然性。至于他本人是否愿意献上自己的生命意志迎接

21 这种观点为英国神学家麦奎利所持有，参看刘小枫主编：《20 世纪西方宗教哲学文选》，上卷，上海：上海三联书店，1994 年，第 71-72 页。

全能意志的主宰，这完全属于他个人的事。他必须做出决定，是认信还是拒信全能意志。这种决定本身，只能出自他个人的生命意志的决断。一旦人选择宗教这种精神样式为通达彼岸的途径，他将内在地经历自己的生命意志的决断，并在决断后使自己的生命经历根本的转向。他从一个和彼岸全能意志无关的人，转向为一个与之息息相关的人，从一个旧人转变为一个新人。这新人住在他所承纳的全能意志里面，反之，全能意志也住在他的个人的生命意志里面。通过对他的生命意志的转向，改变他的生命的存在方式，用基督徒的话说，就是"若有人在基督里，他就是新造的人，旧事已过，看啦！都变成新的了"。[22]对基督徒言，基督便是其彼岸化的全能意志，祂拥有全能意志的根本特征，这即是基督战胜死亡，从死里复活。这样的基督一旦为个人所接受，对接受者而言，祂将赐与他们新的生命。但是，个人和基督的关系，必须由个人的生命意志做出决断。谁也无法代替某个人做基督徒。

　　宗教对象的体验性，存在于一切个别宗教之中。不过，并不是一切个别宗教的对象——彼岸化的生命意志：全能意志——都能持守自己的全能性。从历史逻辑所展开的现象看，基督的复活，作为上帝全能意志的表达，从终极意义上使基督信仰成为一种普世宗教。倘若我们承认宗教对象以生命意志的彼岸化为规定性，倘若宗教体验必然同和个人生命意志根本差别的全能意志相关联，那么，基督死里复活这个基督信仰的根本教义之一，就最为完美地表达了基督信仰的宗教本质。事实上，除了全能意志在下承诺接纳个人的生命意志外，生命意志的彼岸化便毫无可能性。耶稣胜过个人生命意志的有限性——死亡，复活为与上帝永生同在的基督。祂为每个人在有限的生命期间设定了方向，同时承诺了希望。祂为人类中每个人承担苦难，并预定了苦难的尽头和末日，使个人的生命意志达成一种根本的转向，即转向全能意志本身——上帝。人类历史上，还有谁获得过如此成就的呢？

　　面对基督为个人成就的一切，个人的生命意志只有将自己献上，"当作活祭，是圣洁的，是上帝所喜悦的"。[23]否则，个人生命意志的彼岸化就没有希望。基督徒借助体验基督的灵生、爱道、受死、复活、升天、再来、审判，即体验基督耶稣在十字架上所成全的一切，显示出基督宗教的宗教性，显示出基督宗教从人神关系向神人关系、从人言的言说到神言的倾听的颠倒。在

---

22 《哥林多后书》5：17，自译。
23 《罗马书》12：1。

这个意义上，基督教具有非宗教性的规定。这就是隐含于所有个别宗教中个人的生命意志的彼岸化规定性。

宗教语言的体验性

在对象上，宗教不同于科学。它们不是一个代替另一个的关系。因为对人而言，它们各自在人的存在的客体化本源中有着相应的对象。宗教以人的生命意志的彼岸化为对象，它开启人的意志力；科学把人的生命理智降临于此岸的、现成的对象中，即物质的、生命的、生理的对象中，它发展人的理智力。科学见证人的生命理智，宗教见证人的生命意志。无论科学怎样发达，宗教都不可能消失；同样，人的生命理智的开启，也不会导致人的生命意志的死亡。不但对人类，而且对每个个体生命的存在本身，科学与宗教都有一样的价值、作用。那种以科学反对宗教或以宗教反对科学的观念，在人的心理意识的存在中没有根据。宗教徒对科学家的工作，应当是理解的态度，发现科学家在科学研究中的宗教性。反之，科学家在明白自己工作的有限性外，理应关注宗教徒为什么需要宗教。正如 13 世纪英国圣方济各会的修道士罗杰尔·培根所言：上帝通过《圣经》和自然界来表达祂的思想，两者都该研究。使徒保罗也写道："自从造天地以来，上帝的永能和神性是明明可知的，虽是眼不能见，但藉着所造之物就可以晓得，叫人无可推诿。"[24]当然，现实生活中，部分人主张以科学代替宗教或以宗教代替科学，其原因可能在于他们只是发展出自己的意识生命中的生命理智或生命意志这一面。

科学将人的生命理智运用于受造物，但它只能发现其中的秩序、规律、原理。至于为什么自然中的物质自然界、自然生命界、肉体生命界有这样的秩序、规律、原理，真正的科学家都应怀着宗教的态度对待之。如果科学家不相信他所研究的对象是有秩序、规律、原理的，那么，他在根本上就丧失了从事研究的感性文化动力。康托尔在数学上发现无穷集合，他深信这些特殊类型的无穷具有神性；法拉第这位许多伟大实验的完成者，坚信世界的终极和谐及科学与宗教的终极和谐。爱因斯坦把人类宗教观的发展分为恐惧宗教（原始宗教）、道德宗教、宇宙宗教感情三个阶段。宇宙宗教感情，是对因果律的普遍作用的深信和宇宙秩序的敬畏。他说：那些在科学上获得伟大成

---

24 《罗马书》1：20。

就的人，无不有着真正的宗教信念。这些人相信宇宙秩序的完美，并且在理性追求知识的努力中感受它。否则，他们在自己的科学研究中就不可能取得至高的成就。

关于科学和宗教的关系，莫理斯·格兰正确地评价道：它们"都有自己的基本假设和基本方法。从事实验室工作就要相信人的能力，并对宇宙的合理性具有基本的信念；而固守宗教信条的人们，把权威看得高于一切。忙于工作的科学家，通常不祈求于超自然的、神秘的、非理性的东西；而神学家对实验和定量的方法从来不感兴趣。"[25]在一个人身上，往往并存着科学与宗教两种精神，因为在个人的心理意识中，既有生命理智又有生命意志的存在本源。

在语言上，宗教与科学各自有着相应的界域。"科学试图赋予自己的词以客观的意义。"[26]这里所说的"客观"，指科学语言中概念的对应性，每个概念对应相应的实体。因此，科学的概念谋求证实。它利用语言的符号功能，或者说是一种对应性符号语言，要求能指与所指有对应关系。宗教利用语言的指使功能，或称之为顿悟性指使语言。在指使语言中，所指即能指，能指即所指。两者完全同一。

宗教语言拒绝说明和阐释，无需理智的论证。宗教对象所关涉的彼岸的全能意志，如果和个人的生命意志存在根本差别，那么，不但人的生命意志无法企达全能意志，而且人的生命理智也不可能洞明全能意志本身。用科学的、形上的方法证明作为全能意志的上帝的存在，这是由于不明宗教所使用的指使语言同符号语言的基本差别所致。上帝说："要有光"，于是就有了光。[27]这里，上帝并未先阐明是否要有光，而是说"要有光"。祂在"要有"这个祈愿动词中，表达了自己作为全能意志而非作为全知理智的存在。诚然，上帝是全知的。但是，在祂的言成世界中，主要展示的是其意志性的存在。祂的"说"本身，既指向光，又是光本身。其中内含的音响形象和所指概念之间，并不像科学语言那样有时间性的过渡。上帝在自己的言说中说出光。这也是为什么《约翰福音》把上帝的圣言本身称为光的原因（1：9）。

25 莫理斯·戈兰：《科学与反科学》，王德禄、王鲁平译，北京：中国国际广播出版社，1988 年，第 23 页。

26 W.海森伯：《物理学和哲学》，范岱年译，北京：商务印书馆，1981 年，第 170 页。

27 《创世记》1：3。

　　或许是基于对科学与宗教在语言上差别的自觉，海森堡如此描述它们的关系："已经证实了的科学结论的正确性应当合理地不受到宗教思想的怀疑，反之亦然，发自宗教思想内心的伦理要求不应当被科学领域的极端理性的论证所削弱。"[28]科学与宗教各自产生于人的客体化存在本源中的不同要素，因而在语言上也呈现出根本的差别。宗教拒斥怀疑，而怀疑要求论证，论证要求运用符号语言，这使宗教在语言上发生错位。对宗教采取一种怀疑的态度，这并不可能取消宗教语言本有的顿悟指使性。当人怀疑到不可怀疑的地方时，当人的生命理智在怀疑中走到尽头，他只好抬起头来信仰，从承受全能意志的指使中获得人生的根基。罗素将神学与科学的冲突归结为权威与观察的冲突，[29]其原因在于对两者在语言上的差别性缺少自觉。神学所奠定的权威，来自其对象——全能意志的指使、规定；科学来源于对事实的观察，它所描述的必须同所观察到的事实相一致。在这个意义上，科学的描述也源于被描述对象的规定。但是，我们既不能用科学的语言尺度去测量宗教，也不能像宗教裁判所那样以宗教去衡量科学。两者对个体生命的存在而言，都有不可替代的作用。

　　宗教语言的指使性，和宗教对象的规定性——彼岸化的生命意志——相关联。生命意志的彼岸化，本身就是一种我为的行动而非展示与言说。通过个人生命意志的彼岸化，个人将有限的生命意志根植于全能意志之中。一般所说的宗教经验的不可言说性，指符号语言与象征语言对宗教经验者已失效。但是，这并不意味着宗教本身不可言说。这样的问题，促使我们对宗教语言的个别性加以思索。在现成的个别宗教中，其根本的教义通过指使语言表达出来。至于在阐释教义中运用的推理、论证、比喻、象征，这对各个别宗教无关紧要。重要的是全能意志对人类中的每个人的生命意志的指使，指使他们向何处而去。

　　宗教语言的体验性，集中体现出宗教这种精神样式同个体生命独有的关联方式——顿悟性指使语言。个人的宗教精神，仅仅由于他对自己生命意志的有限性的自觉。这种自觉，使个人顿悟到自己在死亡面前的无能为力，从而谋求超越死亡的途径。人若选择宗教为从虚无地平线走向存在的方式，他就得通过顿悟而非思想、非形象来完成之。个人无论获得多少关于死亡的知识、理论，他都很难相信自己是必死的造物。在死亡面前，人所运用的是他

---

28 W.海森伯：《物理学和哲学》，范岱年译，北京：商务印书馆，1981年，第171页。
29 罗素：《宗教与科学》，徐奕春、林国夫译，北京：商务印书馆，1982年，第5页。

的彼岸化的生命意志，他要在这种彼岸化的进程中超越死亡，要在对全能意志的悟解中承受永生。他无法理解和想象全能意志的奇妙，但是，凭着他的生命意志的转向，他相信全能意志的存在。一个人从不信到认信，是在时间中的时点上完成的，即他对全能意志应许的瞬间承纳。由于顿悟，个人的生命意志转向全能意志，从全能意志处吸取生命的源泉。因此，顿悟是个人的生命意志领纳全能意志的方式，它使前者注入于后者之中。有关这种转向的体验，部分宗教徒都经历过，约翰·麦凯便为一例。麦凯这位普林斯顿神学院前任校长，描述了他在读《以弗所书》时的经历。1903 年 7 月，他 14 岁，"在高地山""在星光、岩石丛中""向耶稣基督满怀激情地宣告"。他说："我看到一个新世界……一切都是新的……我有了一种新的视野、新的经验和对他人新的态度。我爱上帝。耶稣基督作为一切的中心……我被'重生了'；我是真正的活人。"[30]

个人生命意志的转向，根植于生命意志内部。而且，这种转向，在时间中的瞬间达成。也许转向之前，个人有过长时间的探索。但是，这同顿悟并无必然的关系。因为一些学者纵然探索一生，也未实现如此的转向，甚至根本缺乏顿悟的体验。宗教语言的体验性，指生命意志内在地经历着对顿悟结果的持守，或者说，生命意志在持守同全能意志的关联中，生成人的意识生命体。反过来，人的意识又作用于人的生活、人的全部存在，从而改变人对他的历史、他的邻人、他的境遇、他的时间观、他的语言乃至对全能意志本身的态度。相对从前的旧人言，被转向的人成为新人，而且可能是在这些方面的全面转向。一切都是在质量上而非在数量上新的。个人的生命发生了质变。他拒斥不信，弃绝懒惰，远离罪恶；他对人充满怜恤、对自然满怀同情。他奔向全能意志本身为他设定的目标。

宗教使命的体验性

生命意志的彼岸化、顿悟性指使语言，潜在地规定出宗教的使命——人生信仰的认定。

信仰关系到人的生命意志的转向，因而和所相信的全能意志发生关联。在人的存在的客体化本源中，信仰与生命理智、生命情感只有间接的关系。认信把个人的生命意志引向全能意志指使的方向，在人的存在之途承纳全能

---

30 转引自约翰 R.W.斯托特：《上帝的新社会》，伊利诺伊，1979 年，第 15 页。

意志关于自身的规定性。这种规定性，改变人的全部存在，而不仅仅是为人的存在提供知识。一般所说的知识与信仰的区别，即科学和宗教、生命理智与生命意志之间的区别。信仰拒绝说明、论证，它作为宗教而非科学的使命不需要人的客体化存在本源中的生命理智的直接支持。但是，它离不开生命意志的行动。对这样的行动、实践而言，不存在合理与不合理、合情与不合情的问题，只存在是否合乎全能意志之旨意的问题。知识的最终根据，却由信仰来承诺，是信仰给与知识以确实可靠性的基础。"没有一种知识能论证它本身，能证明它本身；每种知识都是假定一个更高的东西为其根据，如此上溯，以至无限。这官能是一种信仰，是对自然而然地呈现给我们的观点的一种志愿信赖，因为只有根据这种观点我们才能完成我们的使命；正是这信仰才对知识表示了赞同，把知识提高到确实可靠与令人信服的程度，而没有这信仰，知识就会是一种单纯的妄想。信仰决不是知识，而是使知识有效的意志决断。"[31]信仰帮助知识决定其有效性的起点。

哲学的最高境界是信仰，一种个人的生命意志朝全能意志的转向。其实，在由各种形上体系所提供的思想里，其原初观念无不是奠立于形上思者的信仰之上。任何形上思者，无论怎样努力地思，作为其思之根源的原初观念最终由他的认信承诺。生命理智于理性文化中，既未给出知识的确实性，又未应许思想以可靠性。生命理智只导致关于世界的差别性认识而非差别性的确证。唯有在顺从的信仰中，本源的东西才被人领会、被人体验。"信仰本身就是更高级的生命的'智慧、理智和科学'。"[32]信仰的高级性，在本源上是因为它同人的生命意志相关，在使命上它赋予人生以确实性的存在基础。

另一方面，宗教语言的顿悟指使性，要求个人的生命意志对全能意志的行为做出信仰的回应。在基督宗教里，全能意志的上帝展示在耶稣基督的十字架上，这种形式使一切伟大的艺术作品在深度上都显得逊色。十字架作为一件艺术作品，完美地把上帝的受难观念与形式呈现出来；至于有关全能上帝的观念，照旧凭着耶稣基督而完满地被启示出来。在这样的上帝面前，生

31 费希特：《论学者的使命人的使命》，梁志学、沈真译，北京：商务印书馆，1984年，第152-153页。

32 瓜尔蒂尼，转引自刘小枫主编：《20世纪西方宗教哲学文选》，上卷，上海：上海三联书店，1994年，第253页。

命理智、生命情感已失去其应有的功能。三位一体的上帝为人的生命理智设下了永远的难题，人除了相信之外，除了把生命意志投入其中外，他还有别的选择吗？

诚然，人和生命意志可以采取拒信三一上帝的态度，这恰恰是至今为止人类史的特征。但是，不幸的是，人的不信却早已被上帝言中："没有义人，连一个也没有。没有明白的；没有寻求上帝的；都是偏离正路，一同变为无用。没有行善的，连一个也没有。"[33]倘若没有言成肉身的耶稣基督，人类又从何处寻见上帝呢？

而且，更加不幸之处在于：在逻辑上，人只能选择信。不信者的不信，建立于他的信之上，因为不信者需要相信自己的不信。否则，他的不信就没有根基。不信者通过对自己的不信的相信，获得自己不信的确实性。因此，在全能意志的成就面前，不信也是对祂的一种信，一种信赖和依靠。在全能意志看来，人所不能的，正是祂的大能之所在。耶稣死里复活就是明证。

宗教语言的顿悟指使性，要求我们在瞬间中实现能指与所指的直接沟通。人不可能将自己的生命意志提升为全能意志，只能在放弃自己中承纳全能意志的注入。凡承纳全能意志的人，皆凭着自己的信将不可能的事情生成为可能。相对不信的人言，宗教语言始终向他们指使出不可能的事情，如上帝言成世界、言成肉身、耶稣死里复活等基督信仰中内含的事件。这种不可能，在信的人看来，不仅是可能的，而且是现实的。重要的是"信仰基督福音的行动"和个人生命意志的决断。[34]

个人以自己的而不是他人的生命意志承受全能意志。这种承受是个人性的、人生性的，因而不可代替。种族的、国家的信仰，说到底不过为其中少数人信仰的集合。按照信仰的体验性，种族的、国家的信仰最终是某个权力统治者们的私人信仰。宗教所确立的信仰，乃是人生信仰。

信，意味着个人生命意志的决断。决断的主语是信者本身，但信同时又和所信的对象相关联。在宗教圣徒那里，他的信与所信同一，他依照他所信的对象来改变自己。他以他所信的对象为自己存在的榜样。宗教信仰作为人从虚无走向存在的方式，是一种关切自己实存的方式。人在思中寻找终极的

---

33 《罗马书》3：10-12。

34 H.奥特：《不可言说的言说》，林克、赵勇译，北京：生活·读书·新知三联书店，1994年，第108页。

原初观念、原初概念，人在爱中崇拜偶像，其原因就在这里。"这是对一切实在的**关切**，而这种实在是他们要创造的；……凡是活着的人，没有一个能超脱这种关切，同样也不能超脱这关切所带来的信仰。我们大家都生来就有信仰——瞎活着的人盲目地听从秘而不宣的、不可抗拒的冲动；有眼力的人则自觉听从这种冲动，并且他有信仰，因为他要信仰。"[35]在这个世界上，不存在没有信仰的人，只存在信仰不同对象的人。由于所信对象的差异，致使人与人发生质的差别。每个人所信的对象，把他塑造为他所信的。信仰赋予人的信念以内容，信念给人观念，观念决定思想，思想培育性格，性格导致行动，行动养成习惯，习惯构成命运。不过，尽管每个人所信的对象有差异，但他们所信的根源却只有一个，这就是对终极信仰的信仰，即相信要把人生奠定于确实性的基础上。

艺术在形式中展示精神，形上在观念中言说精神，宗教在信仰中认定精神。艺术的历史，是精神如何展示于形式的历史；形上的历史，是精神如何言说于观念的历史；宗教的历史，是精神在信仰中得到认定的历史。信仰确信人的肉身差别于动物的肉身，这表现在人作为精神的存在中。精神使个别的人成为普遍人类中的一员。个别的人，在自己的精神引导下，远离个别肉身的围限，通过艺术的、形上的、宗教的样式和他人同在，并一同向一个全能意志的存在开放。这个全能意志本身，既然是个人精神的融纳者，他就必然是精神的。否则，全能意志便无力承诺人的精神规定性。在此意义上，人与精神的关系，抽象为人的精神同全能意志的存在——上帝——的关系。"人是精神，这精神在本质上面对着未知的上帝，面对着其'意义'非世界和人的思想所能确认的自由的上帝，因此，人与这种意义的肯定的和不容更改的明确关系也并非自下而上地建立起来的，而只能由上帝自己赐界"，[36]只能由精神本身自上而下地赐与人。"人即精神，这就是说，他总是在一种持续不断地向着绝对者的自我伸展中，在对上帝的开放状态中度过他的一生。"[37]个人的生命意志面对全能意志开放，他转向全能意志而去，面对全能意志而为。

35 费希特：《论学者的使命人的使命》，梁志学、沈真译，北京：商务印书馆，1984年，第154页。

36 K.拉纳：《圣言的倾听者》，朱雁冰译，北京：生活·读书·新知三联书店，1994年，第13页。

37 K.拉纳：《圣言的倾听者》，朱雁冰译，北京：生活·读书·新知三联书店，1994年，第71-72页。

他在宗教体验中，凭信仰认定：他的精神所指向的全能意志，是精神本身，从而自觉跟随之而生活、存在。

宗教以确立人生的精神性信仰为使命。这种信仰，当然是对精神本身的信仰，而不只是对人作为精神性存在的信仰。精神自上而下地改变着人的肉身，叫人的肉身差别于动物，成为精神的肉身。人的肉身的现实性，因精神的可能性而生成为精神的肉身。在不可能的地方，只要有宗教信仰，就有精神的注入和对宗教信仰者无尽的现实能力。信者在领纳精神的入浸中被精神改变着。他从精神那里，领受了战胜苦难乃至死亡的力量。这种力量，构成人超越无边虚无奔向存在、奔向全能意志彼岸的动力。生命从无到有，从不可能性到可能性，从继承肉身的生存到赴身为精神的存在，宗教为此提供了坚实的方式。由宗教徒与宗教品构成的精神文化，便是人类从虚无中生起的铁证。

以确定人生信仰为使命的宗教，为宗教为者——宗教徒而存在。在人的主体化存在本源中，我为同人生信仰关系最为紧密。人生总是我的人生，是我向着人的理想的生存，我在我的人生中生成我的存在。我为的意向，差别于我思、我爱的意向。我思生成我的观念，是我将自己确证为观念性的存在者。我因着思而差别于物、他人，甚至不同于我的过去的规定性。我爱迫使我和物、我之外的他人乃至我的过去的规定性同一。我思从肯定差别的角度给与我的存在以规定性，我爱从否定差别的角度把我的存在同一切存在物融为一体。我为是我实践思、爱的具体行为，我在介入思与爱中，生起作为统一性而存在的自我。宗教为者之我为，是我在奔向一种绝对的、全能的意志途中把我造就为我自己。我不再受他物、他人的奴役，我只为全能意志而存在。我要在承纳全能意志中确立我自己的个别性，我作为我的规定性。我向着全能意志而为，才决定了我的价值。比起形上、艺术来，宗教更强调自我中实践方面的价值。宗教教义，构成人的行为指南而非思想的方针，它要将人改变为宗教徒，成为一种宗教教义活的见证。宗教为者之外的人，见着宗教为者就见到了他所信仰的一切。他的行动就是他的教义的最好注释。

人面对虚无、死亡的方式，在精神上无非是形上观念、艺术形式、宗教信仰三种样式。如笔者在前面关于形上、艺术的探究中所展示的那样，形上观念、艺术形式，同终极信仰都有直接的联系。它们离不开形上思者、艺术爱者的宗教信仰。不过，宗教信仰要把人生确定为有信仰的、确实的、稳靠的人生，而且是通过宗教为者的行动本身。

宗教为者之所为，首先实现于他对全能意志的信仰上。信仰不是思想，它是思想之后对全能意志的仰望；信仰不是形式，它是相信形式之后的那一位全能意志。信仰也不是知识，一个拥有对宗教教义、仪式的知识的人，不一定是进入宗教境界的人，他也不一定是个宗教徒。把一切思想与形式、超越与沉沦都当作知识的不同变式，这是我们时代科学主义信仰神化的结果。

信仰是宗教为者对全能意志的仰望。而且，这种仰望，不仅不是静止性的期待，而且不是盲目性的妄动。宗教为者在仰望全能意志中，通过对原初信仰的设定及赴身，从虚无地平线上生起自己的存在。在不同程度上，每个人都有自己的原初信仰，他必须依靠"我信"而生活。我信，为人在他人中彼此的团契承诺了根本的可能性。政治的、法律的、伦理的、经济的关系，最终植根于人的信和人的心理意识生命体的确实性。不过，并不是每个人的原初信仰都具有原初性的本真规定性。

原初信仰原初性的标志，在于它的不可代替性。人的信仰只有同全能意志本身相关联，并在以承纳全能意志为丰盈的时候，他的信仰才获得原初性的规定性。在此意义上，个别的原初信仰，仅仅为普遍的终极信仰的个别形式，即人的原初信仰，源于终极信仰的在下承诺。一旦终极信仰临在于个别的宗教为者，这个人就是生起了原初信仰的人。

原初信仰的赴身，构成宗教为者特有的存在现象。形上思者与他的形上之思、艺术爱者与他的艺术之爱可以分离。但是，宗教为者与他的宗教之为——他的信仰实践——不能分离，否则，宗教为者何以成为宗教为者呢？宗教徒在赴身于原初信仰之途中建设自己的人生，他让他所承纳的全能意志来改变自己，又按照全能意志的存在本身去造就自己。原初信仰所背靠的指使性语言，要求人同他所信仰的对象合为一体。他所信的，就是他赖以存在的依据，他的全部存在的应许。

任何精神样式，都以生起意识生命体的心灵图景为目标。换言之，精神样式在根本上，表达人同他的自我的关系。当人的自我走向形上之思，他从虚无中生起观念性的心灵图景；当其以艺术之爱为人的赴身对象时，他从虚无中生起形式性的心灵图景；当其以宗教之为构成人的赴身实践时，人所成就的乃是信仰性的心灵图景。

人在信仰中，仰望全能意志的在下光顾。全能意志光顾人，成为人完全信靠的对象。人能够信靠他所信的全能意志，并不取决于他的个人生命意志的有限成就，纵然他有任何积极的作为。重要的是全能意志因其全能性而对人所表达的眷注和爱恋。在全能意志以其终极信仰的形式奔向人的时候，人唯一的行为是绝对信仰祂，把自己的苦难、自己的不幸以及自己对美好生命的渴望毫无保留地交托给祂，任由祂支配、掌管自己。在这个意义上，即使是任何准信仰也要求人全面的委身或牺牲。

对已经确立了信仰性心灵图景的人，他的生命呈现于外乃是平安的喜乐。他不为明天忧虑，因为今天的难处已由他所信的那一位担当；到明天，他依然有他所信的那一位全能意志担当他的苦楚。[38]他唯一的职责，是在现在仰望他所信靠的那一位。抬起头来，把自己个人的苦难同他的信仰对象所承受的苦难比一比，前者实在微不足道。这种心灵图景，在基督徒身上，源于对十字架上的耶稣基督的仰望。在仰望中他们的内心是平安。[39]因为，在这样的人心里，他明白耶稣基督的上帝是他的依靠、他的帮助和他的力量的源泉。这力量无穷无尽，它来自于万物的创造者耶和华本身。"我要向山举目；我的帮助从何而来？我的帮助从造天地的耶和华而来。"[40]这位帮助以色列人的耶和华，在基督徒那里就是帮助他们的上帝的耶稣基督，在宗教徒那里即是赐与他们力量的全能意志本身的化身。

宗教使命的体验性，具体化为它对人生信仰的确立。人借着宗教这种精神样式，在虚无中造就自己作为宗教为者——宗教徒——的存在。人因而成为有信仰的人，并从设定和赴身原初信仰中一同认定信仰性心灵图景的价值。

宗教书写

笔者已从对象、语言、使命三个方面探讨了宗教的内涵，指出体验性为宗教的根本特征。但是，宗教的本质，呈现于由广义的宗教书写及广义的宗教文本构成的宗教现象里。广义宗教书写包括宗教创作和宗教领受两种实践活动，广义宗教文本内含宗教品及宗教徒两种文本实体。

宗教对象中个人生命意志的彼岸化、宗教语言的指使性、宗教使命中信仰的承纳，都标明宗教关涉一个根本差别于此岸世界在者的彼岸世界，即在前面一再提及的全能意志的存在本身。

---

38 基督信仰从信徒与他的所信对象的角度，阐释了宗教为者和全能意志的关系。参看《马太福音》6：25-34。

39 参看《约翰福音》16：33。

40 《诗篇》121：1-2。

宗教书写不同于形上书写、艺术书写的地方在于：它潜在指向全能意志的存在。若借用"潜在指向"一词来审视形上书写、艺术书写，价值逻辑论已揭示出：形上书写的潜在指向为一原初观念，艺术书写的潜在指向为一原初形式。在终极意义上，形上书写的原初观念必须在场于形上之思中，对个别形上思者言，原初观念为其思之根据、源头；同样，艺术书写的原初形式和艺术爱者之间为一种亲在关系——前者亲临于艺术爱者。因此，形上书写、艺术书写的潜在指向，对个别的形上思者、艺术爱者并非是潜在的而是一种显在的指向。诚然，原初信仰对宗教徒也是显在的指向。但是，在其中暗示出一种根本的潜在他者。原初信仰在个别宗教为者处，是被体验的对象。并且，对宗教所关涉的原初信仰而言，其原初性还来源于彼岸化的全能意志本身。祂对个别的宗教为者将是永远潜在的存在。宗教为者，同祂既不是完全同一的合一也不是完全差别的分隔的关系。宗教为者在奔向祂之途中，体验祂不可替代的存在。

那么，具体地说，宗教创作就是人把自己所体验到的潜在全能意志、把自己关于祂的顿悟性言语语言化为宗教品的人生活动；宗教领受是宗教徒或非宗教徒把自己所体验到的潜在全能意志、把他人关于全能意志的顿悟性语言言语化为内在心灵图景的人生活动。宗教领受创造的，不是宗教品这种文本，而是宗教性的人生或宗教的生活方式。宗教创作从个人的生命意志彼岸化到全能意志，宗教领受从全能意志到个人的生命意志。

在宗教创作中，宗教品的生成不是其目的。人仅仅借助宗教品，记下自己所顿悟的全能意志存在的方方面面。在形上创作中，个人的生命理智实现于对原初观念的言说里；在艺术创作中，原初形式乃是创作者生命情感的留住；但是，在宗教创作活动中，作者的生命意志的成长更多地依存于全能意志的在下承诺。个人的生命意志，并不展现于他的原初信仰中，而是展现于他对原初信仰的认定中。原初信仰的行为性，带着个人向全能意志而去。不像原初观念、原初形式和形上、艺术的关系，原初信仰以把人带向彼岸的全能意志为目标。人在原初观念中听到的是形上体系的本源声，在原初形式中看到的是艺术作品的形式。形上思者、艺术爱者走到原初观念、原初形式面前，就走到了思与爱的尽头。然而，宗教为者对原初信仰的认定，仅仅是他通达彼岸的开端，他还得持守这种信仰本身。宗教创作，因而构成宗教为者持守其原初信仰的方式。

不过，宗教品的创作，并不是宗教为者持守其信仰的最重要的因素。形上思者依靠自己的形上之思而写作，艺术爱者以其发乎生命情感之爱而创作；宗教为者之所为，其源泉在他所信仰的全能意志的在下临在里。换言之，是对信仰对象的真实性的领受，使宗教为者之所为带有宗教性的特质。宗教徒所创造的作品，无非是他自己关于信仰对象的体验记录。没有宗教领受，没有以个人的生命意志去承受全能意志的体验，宗教创作在根本上是不可能的。否则，宗教创作就沦为一种学问研究。

宗教创作奠立于宗教领受之上。

宗教领受，一方面是对宗教文本的领受，或通过阅读宗教品，或凭靠与宗教徒的交通；另一方面更是对宗教的潜在指向的那一位的领受。在阅读宗教品、同宗教徒的交谈活动中，宗教文本的中介性，指示出宗教信仰的潜在性。理解文本不是目的，而是要和潜在于文本内的那一位存在者对话。从宗教文本中领受一位既同自己相关又和自己差别的全能意志的存在，构成宗教为者之所为的目的。神学诠释学，把这种宗教领受理解为某个基督徒群体对基督教信仰的自我诠释。"诠释的承担者和神学诠释的主体就是基督徒群体，教会就是一个诠释着的群体。因此，基督徒群体接受这种或那种新的信仰解释，可以作为一个事实表明：只要是忠实于福音的神学诠释，终会被人们了解和认可。"[41]

宗教领受，不但发生于宗教徒身上，也在非宗教徒身上表现出来。只要触及宗教文本，非宗教徒已开始宗教化。不信的人，因着他所信的人而远离自己的不信走向信。领受是信的开端，是弃绝怀疑的人的起点。人在哪里领受宗教文本，宗教文本潜在指向的全能意志就在哪里亲临于他、环绕于他。由于自己领受到宗教文本中的潜在全能意志，从前外在于自己的信仰对象（即他人的原初信仰），而今内在于自己的意识生命体中，融化为自己内在的信仰，从此，自己的生命状态被改变了。没有一种精神样式像宗教这样，要求人的生命实现转向。人要成为宗教徒，他得否定自己的生命，从全能意志重生。

在现象上，宗教创作与宗教领受，造就的是宗教品和宗教徒两种文本。

---

41 谢列贝克斯：《信仰的理解 诠释与批判》，朱晓红等译，香港：道风书社，2004年，第49页。

宗教文本

宗教品指一切个别宗教徒创作的宗教文本。但是，在《圣经》和基督徒乃至神学家的作品之间，其差别在于前者构成基督教的原初文本，后者综合了前者与作者个人的宗教体验。所以，宗教品内含宗教原典这种原初文本本身和普通宗教徒的作品。

宗教品

同形上作品、艺术作品一样，宗教品这种文本形式是期待性的。它期待着全能意志的在下承诺。对人而言，宗教品是其通达全能意志、从此岸走向彼岸的通道。宗教文本的中介性意味着：宗教原典，是个人的生命意志与全能生命意志之间的中介。彼岸的全能意志，靠宗教原典而被言说出来，个人在阅读宗教原典中承受全能意志的启示。

宗教品这种期待性文本，期待个人和彼岸全能意志的介入。在此意义上，宗教原典仅仅为他们共在的场所，是个人同他所信仰的对象彼此相遇的地方。彼岸化的全能意志向个人言说出什么，都有待于个人从宗教原典中领纳。他所领纳的，不是宗教原典本身而是该原典潜在指向的那位全能意志。

宗教徒

宗教徒（宗教家）在根本上，为彼岸化全能意志的领受者，这同时形成一种自下而上的关系。宗教徒和形上家、艺术家不同，他作为活动性文本，其个人的生命意志在向全能意志而去，是个人的生命意志转向全能意志的存在历程。宗教徒这种文本的中介性，直接为全能意志的存在做出见证。非宗教徒见着宗教徒，他就看见他所信仰的对象。活出自己的宗教信仰，乃是宗教对选择它为存在样式的人的最本质要求。宗教徒所信仰的全能意志，就在他的言、他的行里，乃至他的一举一动里。

人们指责宗教徒与其宗教信仰的背离，因为唯有宗教这种精神样式才要求全能意志对个人的生命意志的更新。况且，在价值逻辑论关于宗教语言的分析里，能指与所指的同一即宗教徒与他所信仰的对象的同一。谁不用他所信仰的对象来改变自己的存在本身，谁就是伪宗教徒。宗教徒在领受宗教品中，领受的是作品潜在指向的那一位全能意志。他借全能意志的力量来改变自己；他在创作宗教品的活动中，是在自己的意识生命体里认信那一位差别于自身的全能意志。宗教文本因此以中介性为特质。

所有的宗教，无不要求信它的人放弃自己自然的生存方式，成为宗教信仰自我实践的工具。宗教徒，仅仅为他所信仰的全能意志实现其全能性的活动性场景。通过对个人生命意志的改变，全能意志改变着信祂的人，使他们进入自身荣耀的国度，提升他们为自己看顾的子民。一切宗教，都向认信它的人指出了比此岸更加美好的彼岸。这彼岸或者是在将来，或者超越于时间、在时间之上。然而，并非所有的宗教，都能保证它的信徒所信仰的全能意志本身的真实性。对全能意志信仰方式的不同，导致了宗教的多元。多元的宗教，在其对象、语言、使命上，同形上、艺术两种精神样式和科学、伦理、美学三种学问形态有质的差异。一切宗教，离不开个人对向他走来的那一位的体验。宗教是人对他的在上者——全能意志——的追寻。当理性追寻到无可追寻的去处，当感性恋过有限之物的无价值无意义时，人的意性只有从此岸抬头信仰彼岸的在上者。

体验宗教论

价值逻辑论从超验性言说形上、从先验性审视艺术。形上的超验性，具体表现为形上以观念承受精神的承诺。艺术的先验性取决于它的形式性，而且，这种形式和形上观念一样具有生成性而非现成性的特质。我们已从语言、对象、使命三方面涉及宗教的体验性，但价值逻辑论还有必要从统一的立场对其加以阐释。我们在语言、对象、使命三个层面展示宗教的内在性，并不意指宗教可以这样机械地被分割为三大块，而是指由个别宗教构成的宗教本身，有机地内含着价值逻辑论关于宗教的规定性。这种宗教的规定性的有机性，通过宗教的体验性得以实现。

不用说，艺术的、形上的精神样式，也含有体验性。其原因在于它们离不开个人生命意志的活动。不过，艺术的体验，实践于艺术形式中；形上的体验，以原初观念的设定为目的。形式和观念的外在构成，分别是艺术的、形上的体验性的指向。在此，我们以先验性和超验性来各自指涉艺术、形上中的体验性，而将体验性本身当作宗教的内在规定性。

　　在论及《罗马书》第 8 章中上帝的圣灵扶助我们祷告时，H.奥特指出《新约》的信仰必须是一种体验，一种从外向内、从上到下渗入我们生命的东西。其实，信仰的体验性又何止表现在基督信仰中呢？只要是宗教信仰，都带有体验性。宗教徒以自己的个人生命意志直接同他所信仰的全能意志相沟通、相交接。这种事件仅仅发生于个人生命的内部，它无需像艺术那样以形式展示自身生命情感的流动，更没必要以观念像形上那样言说自身的生命理智所追问的差别。

　　宗教信仰，迫使人在自己的意识生命体中达成意志的转向。从前驯服于自己的、世界的个人意志，因着信而归向全能意志，让全能意志涉入自己的心理意识中。形式、观念于宗教信仰，乃是多余的。所以，"信仰不是要去证明，而是要用体验。人已经体验到了信仰"。[42]甚至"历史证明（历史证明的把戏）与信仰没有关系"。[43]信仰通过和人的彼岸化生命意志的关联，进而和人的心灵、人的心理意识生命体相关联。"真正的信仰要我们开放在那无条件的神秘里，这神秘在我们每一领域中都会面临到，且无法以公式表示出来。真正的信仰表示我们存在的根本基源中，我们必须时时准备与这神秘共生存，正如我们共同生活一样。真正的信仰表示能够面对这神秘，以延续生命的能力。这神秘接触我们的方式，就是我们的个人体验。"[44]如果将马丁·布伯在此所说的"神秘"，用价值逻辑论的宗教观所指的全能意志来替代，那么，真正的信仰，即个人的生命意志对全能意志的体验，这种体验以实现个人的彼岸化为使命。

　　宗教信仰的体验性，并不必然导致宗教神秘主义。宗教语言的指使性，对此做出了保证。人们往往将宗教同神秘主义相关联，乃是因为误解了宗教特有的精神特质。在彼岸化的全能意志的在下承诺面前，人只能以自己的生命意志去承受。当有限的个人生命理智企图对全能意志做出理性的言说时，无限的全能意志无疑呈现出祂的神秘性。同样，有限的生命情感，照旧无能承纳全能意志本身，甚至没有明晰感知祂的任何途径。然而，个人的生命意

42 马丁·布伯，转引自刘小枫主编：《20 世纪西方宗教哲学文选》，上卷，上海：上海三联书店，1994 年，第 114 页。

43 维特根斯坦：《文化和价值》，黄正东、唐少杰译，北京：清华大学出版社，1987 年，第 46 页。

44 马丁·布伯，转引自刘小枫主编：《20 世纪西方宗教哲学文选》，上卷，上海：上海三联书店，1994 年，第 106 页。

志，倒是同全能意志有内在的相关性。除了以人的生命意志所凸现出的全部存在来领纳全能意志外，人和全能意志将处于分隔的两极。由于分隔而产生无知，由无知而致使神秘。这里所说的无知，不是指理性的无知，而是指个人对全能意志没有言说体验。

罗素称神秘主义为一种情感而非事实，它不断言任何事情，因此科学对它既不能作肯定也不能作否定。[45]不过，科学在人的心理意识中，依持的前景是生命理智，用生命理智的尺度去衡量罗素所说的神秘主义这种情感是否正当，乃是值得研究的问题。事实上，不但情感的东西拒斥科学的检验，而且意志也反对科学的断言。人的情感、意志的主观性，使其丧失了检验的客观可能性。以生命意志为前景的宗教，直接同人的存在而不是和外在事实相关。根植于生命意志的审美力量、宗教体验，只有从人的生命的转向、人的生活的改变得到见证。在通向真理之途上，理智的科学仅仅为一种方式，而且科学只代表生命理智作用的一半，另一半为形上。此外，情感和意志，也是通向真理的方式。

神秘主义的根源，在于以科学的、形上的符号语言尺度去审视宗教独有的顿悟性指使语言。在学术研究中，经常发生个别学问形态与个别精神样式之间、以及它们内部之间在对象、语言、使命的错位现象，从而导致其界域的模糊。这是神秘主义产生的原因。在科学、形上的语言中，符号的能指与所指必须有明晰的对应或感应的关系；但是，在宗教语言中，其能指与所指已经完全同一，宗教徒所体验的就是他所体验的对象，外在的可见事实、他人的内心感悟都不足以构成体验者本人的标准（在此意义上，宗教并无任何神秘主义成份）。自下而上言，宗教的真理是个人的信仰；自上而下言，宗教的真理是全能意志的启示。在原则上，宗教信仰与宗教启示，皆不属于科学的经验范围。它们是纯粹个人的体验，不可能得到检验。宗教的这种体验性，是宗教出现多元、宗教内部教派林立的原因。然而，这并不意味着宗教真理没有普遍性。

形上、艺术、宗教这三种精神样式，在最低层面同个人的意识生命相关，在最高层面同承诺个人的个人性的那一位相关。人选择宗教为存在方式，在最初体现为个人生命意志的决断，从此他得持守在他的信仰里。换言之，宗教的人生，要求个体生命的恒久转向，于转向中归向他所信仰的全能意志，不断企及他，承受他的样式，行在他里面。

---

45 罗素：《宗教与科学》，徐奕春、林国夫译，北京：商务印书馆，1982 年，第 97 页。

宗教迫使它的现身者走上成圣的道路。这历程，发生于宗教徒的心理意识内部，对它的体验者，是绝对真实的。不过，宗教徒的成圣，不等于代替神圣者，而是在祂的看顾下、在其光照下承受祂的在下承诺，又每时每刻仰望在上的神圣者，从中获取力量的源泉得以被提升。"按基督的学说，真正的生命在于最大程度地接近每一个人在内心中发现并意识到的天国的完美，在于越来越接近自己的意志同上帝的意志的融合，而这种每一个人都努力追求的融合就是我们所熟知的那一种生命的消灭。""天国的完美，是人类生命的渐近线，生命永远在追求它，不断地靠近它，对生命来说，它也只能在无限之中才能完全获得。"[46]托尔斯泰所言述的基督信仰的人生观，同样适用于宗教本身。宗教要求人在此岸踏上彼岸的朝圣历程，以人的生命意志承纳彼岸的全能意志，从人的生存状态归向其精神性的存在状态，把人的生命从不可能性引向可能性，不断从虚无中生起自己的存在。

相反，若奔向成圣的人宣告自己代替了神圣者本身，人的成圣行为就降格为现实的成圣状态，从而致使他骄傲、专横、野蛮，假神圣者之名为所欲为。宗教战争的发动者，就是这些宣告代替神圣者的人。由于他们的代替而抹去神圣之维继续存在的必要性，在终极意义上他们是对神圣的亵渎；由于人和他所信仰的全能意志之间在根本上不可能同一，他们只能宣告自己对神圣者的代替行为，这最终必然遭到来自神圣者自身的惩罚。

总之，体验宗教论，强调个人的生命意志和在上的全能意志的关系。所谓宗教体验，属于个人生命意识内部的事；任何外部的强制，都违背宗教的体验性特质。宗教徒无权迫使非宗教徒信仰他所信仰的对象，同样，非宗教徒的非宗教性体验并不构成宗教徒放弃自己信仰的根据。可是，宗教徒与非宗教徒之间有和平对话的权利。两者应当彼此分享对方的体验而不是用自己的体验去替代对方的体验。体验根植于个人心理意识内部，他人的体验对体验着的个人，只是一种参照的经验，因而是外在的、非内在的体验。

宗教的体验性，并不必然导致宗教真理不可言说。相反，宗教特有的精神质素，要求它在顿悟性指使语言中被言说。"宗教言谈有其自身独特的逻辑，宗教言谈在于述说那不能表述的东西，因为这种不能表述的东西的特殊性在于，相对纯粹的'虚无'而言，它实际上被言说。只有在表述和说出的那一

---

46 托尔斯泰：《天国在你们心中》，李正荣、王佳平译，上海：上海三联书店，1988年，第245-246页。

刻，启示才完全；这就像整个人类生活中，事物只有通过语言才能揭示自身，进入'启示'的领域，人对这种'启示'必须担负起作为一个说话主体的责任。"[47]这样的问题，促使我们对宗教语言的个别性（或曰独特性）加以思索。

宗教真理不可实践，只是就"实践"一词的社会学涵义而言的。对宗教徒，他必须实践他所体验的真理。如果把宗教看作审美一样的游戏行为，那么，它所产生的结果，乃是游戏者在游戏中向游戏目标的根本转向。此岸心灵的彼岸化，个人生命的现身，是宗教对其信仰者的内在要求。

宗教的人文性

1940年9月，爱因斯坦在美国"科学、哲学和宗教同民主生活方式的关系讨论会"第一届会议上就"科学和宗教"发表演说时讲道："科学只能由那些全心全意追求真理和向往理解事物的人来创造。然而这种感情的源泉却来自宗教的领域。同样属于这个源泉的是这样一种信仰：相信那些对现存世界有效的规律能够是合乎理性的，也就是说可以由理性来理解的。我不能设想一位真正科学家会没有这种深挚的信仰。"[48]一切伟大的科学家对宗教信仰的深沉需要，在说明科学的有限性的同时，也标示出宗教有和科学根本不一样的功能：它就是为人的灵魂承诺安息的去处。宗教的这种功能，价值逻辑论称之为宗教的人文性。

宗教的人文性，禀承艺术、形上的人文特质，使宗教和人的存在不可分离。避弃个人具体的、现实的存在，我们对宗教便无从把握，正如对艺术、形上不可理解一样。形上、艺术、宗教，必须从个体生命的心理意识方面才能得到阐释。换言之，是我们对自我性的心理意识的经验，为我们言说形上、艺术、宗教提供了基础。但是，仅仅囿限于人的心理意识来审视精神样式的方法论，也不可能开出形上、艺术、宗教的完整像。因为它们分别背靠的原初观念、原初形式、原初信仰这些原初性的东西，还有另外的承诺者。尽管形上、艺术对此不加以探究，但宗教却不能避而不答。事实上，真正的形上家、艺术家，至少在准宗教的意义上必然为宗教徒。

---

47 谢列贝克斯：《信仰的理解 诠释与批判》，朱晓红等译，香港：道风书社，2004年，第84页。

48 转引自赵鑫珊：《科学·艺术·哲学断想》，北京：生活·读书·新知三联书店，1987年，第123页。

超我意识所承受的普遍自我，在宗教中对象化为普遍信仰。普遍信仰的普遍性，在于它是一切信仰者的原初信仰的给与者，不仅是今日生活着的信仰者，而且包括过去的、将来的一切人（不信者在相信自己不信的意义上，也是信仰者）。普遍信仰临在于一切人，为一切人的存在给与真实的看顾。在普遍信仰中，没有信仰者与不信者的差别，没有外邦，也没有异类，更没有"异教"。只有在人承受了普遍信仰之后，外邦、异类才产生出来。人借其有限的承受能力，将自己所不及的信仰体验视作外邦、异类。这从反面恰恰说明普遍信仰不能以有限的人为根据，从正面要求普遍信仰在自身中自我限定、在自身中规定自身。

至于宗教的人文性，则关涉到个别宗教徒的原初信仰和普遍信仰的关系。

人的有限性，注定了他不可能构成人的原初信仰的给与者，或者说，人的原初信仰受其上的普遍信仰和相信普遍信仰的人的限制。普遍信仰又如何限定个人的原初信仰呢？个人的原初信仰又如何承受在上的普遍信仰呢？

宗教这种精神样式，在个人的心理意识中以生命意志为前景承纳在上的全能意志。全能意志若是全能的，他就必然是普遍的，即成为一种普遍被认定的信仰对象。对凡是认信全能意志的人，其认信乃是基于普遍信仰这基础。正是普遍信仰承诺了个人的原初信仰的根基，相对他人而存在的个人才获得了普遍性的依据。相反，如果个人的原初信仰越位为普遍信仰，人便是在用自己的行为来规定普遍信仰。越位的个人原初信仰对普遍信仰的内在要求，来源于伪称普遍信仰的原初信仰。它在终极意义上对普遍性的背靠，迫使这种信仰的信仰者利用其他诸如宗教战争、宗教裁判所之类的手段达成其普遍性。但是，个人的原初信仰毕竟依存于普遍信仰的承诺，其替代普遍信仰的阴谋最终必然破产。宗教战争、宗教裁判所自生自灭的原因内含在这里。

普遍信仰从在下的个人的原初信仰中不可能得到内在的规定性。但是，它必须实践于其中才有现实的普遍性意义。另一方面，普遍信仰还受到终极信仰的限定。唯有作为终极信仰的普遍信仰，才有真正的不受个人原初信仰左右的普遍性信仰。终极信仰，在普遍信仰在下承诺个人的原初信仰的活动中，将观念上的终极性发展为现实的、行动的终极性。神学在探究终极信仰的终极性时，也对终极信仰如何造就普遍信仰加以言说。不过，普遍信仰与个人原初信仰的关系，成为宗教人文性所思的问题域。至于终极信仰如何在普遍信仰、普遍形式、普遍观念中实现其终极性，这既涉及心理学、又属于神学的范畴。形上、艺术、宗教三种精神样式，处于心理学与神学之间的边缘地带。

宗教与美学的差别

体验性作为宗教的规定性，不但在精神样式中把宗教同形上、艺术相差别，而且在意性文化中将其和美学这种学问形态相异。

美学与宗教，共同关涉到人的存在的客体化本源中的生命意志和指使性语言。但是，关涉方式的不同决定了两者的不同。从静态看，宗教源于彼岸化的生命意志，美学（审美）根据此岸化的生命意志；从动态看，前者产生于生命意志的彼岸化，后者关系到生命意志的此岸化。美学离不开审美，而审美乃是个人的一种非连续的存在状态；宗教同连续的、人的全部存在相关。宗教不仅承诺时间中的、而且承诺时间上的存在。审美将人的生命意志注入现时的、当下的处于审美状态中的人的心理意识里；宗教把人的生命意志作为走向全能意志的基础，此岸的生活乃是彼岸生活的开端。人在宗教的连续性体验中，任凭全能意志作用于自身的召唤，按照心灵的顿悟去行动，以求得内在的和平。在此意义上，"宗教是伦理学的基础"，[49]因为人必须以一种宗教的价值标准来为自己的日常伦理生活做出决断、选择。

审美叫人满足于人的当下存在甚至忘却死亡本身，宗教让人不满于人的此岸存在并在人的死亡背后生起存在的意义。若用体验描述审美与宗教的差异，那么，前者是在人忘却死亡中体验人的存在，后者是在人记起死亡中体验人的存在。

审美祈求我们到此岸世界中去，指使我们在现世建立存在的美善家园，它让我们忘记现世人生的患难逼迫。审美中出现的祈使句，指但愿人的生命意志向存在而去，命令句指人的生命意志应该向存在而去。宗教语言的祈使句内含的意思为但愿人的生命意志向死亡的彼岸而去，命令句为人的生命意志应该向死亡的彼岸而去。

49 W.海森堡：《科学真理与宗教真理》，《自然科学哲学问题丛刊》，1980年第3期，第42页。

　　在语言上，直觉性指使和顿悟性指使的不同，也决定了美学和宗教的差异。仅仅从指使语言的功能看，美学与宗教存在共同性。但是，审美（广义的美育），毕竟不可能也不应该代替宗教。因为，审美直觉只给与审美主体的此岸存在以力量，它不关涉彼岸的问题，乃至对造就审美对象都无兴趣。审美直觉在瞬时中构建人的心理意识生命体。相反，宗教信仰则将彼岸的人生看得比此岸更为根本，即使宗教关怀人的现世存在。但是，它也是从在上的彼岸注入对人生现世的关怀。尘世的生活，仅仅是人走向另一种新生活的预演。

　　美学与宗教的语言在功能上的指使性，把现世人生引向超越与沉沦、信仰与怀疑。美学、宗教运用的指使语言本身，就是一种行为的语言，一种力量性语言。指使性，使语言的能指和所指的界限消失了，且把个体生命直接指向行动，指向现实的存在。能指的所指，由个体生命的存在所代替。但是，在形上中，能指的所指要求符号来阐释，这正是形上家寻找终极符号——原初观念的原因，也是他们不在现实生活中行动的理由。因为，其感应终极符号的思维活动，就是其行动本身的一部分。在艺术中，个体生命的存在由创造象征性形式的过程所替代。艺术家并不改变其存在，而是展示出生命情感的形式。美学指使人超越存在的边缘，这种努力即其存在的过程，它不再需要观念、形式。因为，个体生命在审美中生成的存在，就是它的观念或形式。不过，如果审美超越丧失对在上的终极信仰的依靠，如果它所依靠的终极信仰具有非终极性，那么，审美超越就会沉沦在心理时间中，把个体生命带入存在边缘，使之沦陷为消解生命意志、归顺偶然性的力量。

　　宗教语言的指使功能，指使个体生命奔向信仰与怀疑。对一种东西的信仰，就是潜在地对另一种东西的怀疑。信仰与怀疑，是一个决断的、一个为什么而牺牲、释放个体生命的过程。确立一种信仰，意味着舍弃另一种信仰或怀疑另一种信仰的信实性。美学与宗教，把个体生命活动的所指指向人的心理自我意识中的生命意志，由于生命意志总是在行为中生成人的存在，由于指使与能指的亲在性，所以，美学成为指使人生超越的学问形态，宗教为指使人生信仰的精神样式。宗教的顿悟性指使语言，使每次信仰与怀疑总是在心理时间中的一个时点上完成，进而将人生彼岸化或退回到原有的静穆状态。美学的直觉性指使语言，使每次超越与沉沦实践在心理时间的一个时段上，并把人生此岸化。

　　原初信仰与原初超越，也把宗教和美学纳入不同的界域中。"因为信既要和我们所信的那一位合一，又要和一切信祂的人合一。在信仰中，因我们信，我们由此得以确知我们的相对性和我们的相关性；在信仰中，我们的存在自由公认而现实地实践于我们所依持的处境中。在信仰中决断，就是要在确知这种处境中决断。"[50]宗教使命为个人设定的原初信仰，一方面和个人所信仰的全能意志联系在一起，另一方面和一切信祂的人有不可分隔的关系。宗教徒，相对他所信的那一位和那些同他具有相同信仰的人而存在。在此意义上，宗教所预设的原初信仰，是个人走向全能意志和由全能意志关顾他人的中介。至于审美活动所带出的原初超越，永远只同审美主体的现世存在相系，它既无彼岸的指向，又无实现此岸合一的外在目的。原初超越成为个体生命自我关怀的方式，同个人心理意识一样具有最本真的特性。因为，超越的源泉及彼岸，都以超越者的心理意识的成就为责任。

　　一般情况下，宗教与审美的相互过渡，只是由于在学问形态与精神样式中两者关系最近。它们在人的客体化存在本源中以生命意志为对象，在言说上以指使性语言为语言，在使命上以造就人的存在为规定性。不过，此岸化与彼岸化、直觉与顿悟、超越与信仰的不同，使美学被归结为学问形态、宗教被归结为精神样式。

---

50 H. 理查德·尼布尔:《基督与文化》, 纽约:哈普与瑞公司, 1951 年, 第 233-234 页。

第五章　美学

为了能够更好地理解宗教，我们粗略地讨论了宗教与美学的差别。这里，我们将对美学本身加以言说。

生命意志作为人的存在本源的一部分，通过原初超越和原初信仰反抗虚无与死亡，在学问形态上呈现为美学，在精神样式上为宗教。

在 20 世纪 50 年代与 80 年代的美学讨论中，逐渐形成了以美学家高尔泰为代表的主观论美学、以蔡仪为代表的客观论美学、以朱光潜为代表的主客统一论美学、以李泽厚为代表的社会论美学（今天发展为"实践美学"或"后实践美学"）。由于这些学派普遍以美、美感的本质为问题域，我在此称为"旧美学"。它们为什么追问美、美感的本质问题，因为它们无明于美学的对象和语言，因为它们误将美学这种意性文化类型当作理性文化类型，因为它们以人的生命理智去处理生命意志的难题，还因为它们潜意识地坚持以美育代宗教的愿景。

美学的歧途

以自然美、艺术美、现实美为美学的对象，其思维前提是自然、艺术、现实之类的事实性在者加上美这种事实性在者的合理性，仿佛美本身是一种现成性的在者而不是人的生命意志超越虚无的产物，仿佛在自然界中、艺术作品中和现实生活中，美就像物质体一样置放于物理时空中让人现成地享用。至于提出美、美感的本质问题，其潜在理由为美有一种现成性的、客观的、可被人把握的属性。形上学家很少问真的本质，伦理学家更不妄谈善的本质。

如前所述，本质范畴属于理性文化中的观念，是人的生命理智自我发展中出现的一个观念，是人的生命理智企图把握对象的个别性所使用的范畴。但是，根据我们对美学的理念，美、美感的本质只能理解为一种关于它们的差别性规定而不是对美的现象、美感现象的事实性描述。

在语言上，旧美学以理性文化的符号语言或感性文化的象征语言代替意性文化的指使语言。由于符号语言在从语音引出语意的过程中要求能指与所指的对应（或感应）关系，所以，通过符号语言表达的理性文化当然会提出美、美感的本质问题。借助言说美、美感的声音带出它们的意义，需要对其意义的本源加以探究。另一方面，象征语言的能指和所指处于等同关系，其语意最初来自语形的差别而不是语音的差别。从语形引出语意，其中间环节是书写。但是，书写者以什么样的语形书写什么样的语意，取决于书写者原初的感觉和感受。艺术美在旧美学中成为一种美的形态的根据就在这里。至于美感的本质问题同审美主体的感觉相关的原因，也隐匿其中。美的本质，是按照符号语言体系和理性文化逻辑在美学中提出的伪问题。同样，美感的本质，只是以象征语言体系的思维理路及感性文化逻辑在美学中给出的伪问题。因为，美学的语言是直觉性指使语言。指使语言标明美学与伦理、科学、形上、艺术的差别，直觉性使美学在语言运作上不同于顿悟性的宗教。

在使命上，旧美学依然处于无明状态。这和美学在对象、语言上的无明相关联。对象的无明致使美学关心美的本质、美感的本质之类伪问题，语言的无明迫使美学无明于自己作为学问形态的差别性。旧美学以给人感觉性的思想、感受性的知识为使命，难怪今日美学不得不让位于艺术批评，或者向审美心理、审美设计、审美教育之类实用学科演进。其实，美学特有的对象、语言，要求相应的只属于自己的使命——这就是在学问形态中应许人以超越虚无、抗击沉沦的力量。审美，首先是个人性的、指向神圣的超越活动。相较于其他学问形态如科学所承诺的自然的普遍知识体系和伦理给出的社会的普遍道德体系的使命，美学承诺、培育个体生命意志去实践自我的普遍审美直觉体系。没有生命意志在此岸人生中的审美活动，就没有美学。因此，美学在根本上乃是审美学。

旧美学误将其他学问形态及精神样式的界域及中心问题纳入自己当中，据此可分为科学美学、形上美学、艺术美学、伦理美学和宗教美学。科学美学以科学的界域及中心问题为出发点，提出美的自然性、美感的本能性问题，将对应性符号语言规定为美学的语言，要求美学给人以美的知识。其中，美、美感的本质问题为美学的中心问题，辨析知识之真伪代替了审美之美丑。科学美学从科学的视界看美学，由此把美理解为概念性的在者；形上美学，指哲学史上以形上精神样式的界域及中心问题为美学界域及中心问题的理念体系。在精神样式及学问形态上，形上美学以形上的彼岸生命理智代替美学的此岸生命意志，以感应性符号语言代替直觉性指使语言。形上美学应许人以观念性的美学思想，认为凡是由原初观念所照亮的都是有意义的、美的原型；艺术美学（艺术哲学），把艺术美的研究当作美学的主要使命，它用感觉性象征语言来展示艺术活动（艺术创作与艺术接受）和艺术文本（艺术作品与艺术家）中的美的形式；伦理美学，关注美与善的关系问题，甚至以善为美的本质规定性（如美的积淀说）。社会生活中的情感和谐变成伦理美学的中心问题（如和谐论美学）。审美在其中扮演的是一种爱的催化剂角色；宗教美学，强调审美活动中的神圣性临在，以宗教的顿悟性指使语言混同于审美的直觉性指使语言，审美被建立在对个别信仰的信仰基础上。不过，旧美学的这种无明状态，还有待于从学术史的角度深入展开。

美学在当今学问形态中的处境，说明了旧美学的根本问题所在：因为一切科学的、伦理的美学都不是本真的美学，一切形上的、艺术的、宗教的展示都不可能构成美学本真的言说。美学无明于自己作为学问形态的差别性，沦为无对象、无语言、无使命的境况中；在旧美学中，只有宗教美学更接近于本真的美学，它们同以人的生命意志为存在本源，同以指使语言为话语方式，其使命共同带有活动性涵义。

宗教美学和本真美学的差别在于：前者的对象是彼岸世界的生命意志，后者为此岸世界的生命意志；前者以顿悟性指使语言为话语方式，后者以直觉性指使语言为方式；前者着重于人的生命意志在存在中的信仰，后者强调人的生命意志在存在中的超越。

在前面关于存在本源的言说中，我们利用过两个观念——此岸和彼岸。按照价值逻辑论的阐释，凡是此岸的都是现成性的，凡是彼岸的都是生成性的。不过，因为美学的对象是此岸的生命意志，因生命意志这种人的心理存在本源的非现成性，所以，此岸的生命意志在人的心理意识中，仅仅在相对彼岸的生命意志中被展开。此岸，指有限人生时段中的人的存在；彼岸，指有限人生在信仰无限本身之后的人生延续或人生信仰。

美学的对象

在、生长、生存、存在，分别为个别价值逻辑主体的在场方式，各自对应自己的在场者和场所。人的生命意志，说到底是人的存在意志。这种存在意志，涵盖生命、生存的涵义。其涵盖力，不是来自于现成性价值逻辑的进化，而是由于普遍价值的在下承诺。美学以此岸的生命意志为对象。此岸既然不是一种现成性的、事实性的在者而是存在，那么，美学的对象就从此岸的生命意志、生存意志转化为人的存在意志。

生命理智的功能是应许人以差别性直观力，生命情感给人以相关性直观力。两者的现实可能性，都借助于生命意志对其差别性直观和相关性直观的持守，使它们由可能性发展为一种现实性的活动。这种持守活动的主体，是作为存在本源的生命意志。在生命价值逻辑中，生命意志体现在植物的生长性上。但是，这种生长性，源于普遍价值承诺的本能性。个别植物的生长，只不过在实践其本能性。人的生命意志，却是一种自由的、向我的存在意志。人能够决定自己不生长或不存在。但是，植物没有这种自由。人作为生命意志的存在特点在于他的非现成性，通过心理意识来创造自己。正是在这种创造活动中，虚无地平线上的意识生命体生成为心灵的、个别性的存在者。

生命的本能意志是以生长结果反抗灭亡，生存的本能意志是以生存延续肉体生命对抗死亡，存在的本质意志（自由意志——由存在者自我给与的意志）是去存在和充实虚无，在人生的虚无地平线上升起其理想人生。人的生命意志向我存在，它努力反抗自身向虚无的沉沦，把不可能性（必然性）和可能性展开为现实性，把现在承受的终极信仰借助超越的力量降落到过去中、生起在未来中。生命意志，要求人的存在对过去采取批判、对未来采取筹划的态度。

人的存在意志对自身的事实化的反抗，是对虚无及人的边缘处境的反抗。虚无与人的存在原初对立。它颠倒人的存在，让存在获得边缘性从而设定人生的最大价值。另一方面，虚无又吞噬那些没有将原初超越建立在承受终极信仰的承诺之上的人，使其沉沦为生存者。虚无在有限的人生中，对象化为痛苦、孤独、空虚三种消解存在意志的方式。痛苦让存在者见不到存在的应许，孤独使存在者远离存在的承诺者，空虚带给存在者的是虚无或存在者最终的不存在。反之，人又离不开痛苦、孤独、空虚，正如人的存在是在虚无中向神圣性靠近一样。人的痛苦，使人意识到自己的命运要么是沉沦于虚无、要么是超越虚无趋向存在；人在孤独中不得不承担自己的存在，即存在是我通过我向我的生成；空虚促使人自觉自己的意义根源。但是，一味沉溺于痛苦、孤独、空虚中，其结果是有限人生的更多有限性的回报，使其主体可能更早结束人生。三者作为人的边缘处境，在有限人生中使人不可能摆脱。但是，只要人在原初信仰中将自身根植于终极信仰，人依然能够减少边缘处境对心理时间的占有。边缘处境的功用，在于使人常常置身于人生有限性的意识中，对自己的存在显明积极的、主动的态度。

人所置身的边缘处境，内含人的存在的特性：注定性、向我性、一次性（不可重复性）。假如没有在原初超越虚无中生起对原初信仰背后的终极信仰的信仰，假如人所背靠的终极信仰无法保证自身的终极性，那么，人的有限相对时段（心理时间）就会被虚无的表象——痛苦、孤独、空虚——所充实，或者，从痛苦走向麻木、从孤独滑入孤怜、从空虚跃入虚空，以便在潜意识中消解人的生命意志。

痛苦注定人去存在，使之不可能在人生中背弃存在的指使。孤独让人向我存在，不可能把自身让渡他人。帕斯卡尔（Pascal）第一个阐述了人在现代宇宙论的物理宇宙中的孤独感。"'扔进这个无限浩瀚的空间之中，我对它无知，而它也不认识我，我被吓坏了'。'他不认识我'：这不只是宇宙时空令人恐惧的无限，不只是在比例上的不相称、人在它的广袤空间里面的无足轻重，这是'沉默'，是宇宙对人的渴望的漠不关心——人类万事在其中荒谬地上演着，而这个宇宙对人类事务不闻不问——这构成人在万物总和之中的极度孤独。"[1]尼采说英雄应逃到自己的孤独中去，因为"一切伟大之物，总是远离了市场与荣誉才能发生：新价值之发明者总住在市场与荣誉很远的地方"。[2]易卜生称孤独的人最有力量。空虚在消解人的生命时间中，警醒人的存在的一次性或不可重复性。人在边缘处境中，直觉到人通过自己向我生成的必然性。

美学的对象，生成在个体生命意志向此岸人生的实践中。美学没有如同科学、伦理的现成性对象，有的是人向个体生命及作为个体生命背景而在的物质界、生命界、生理界的展开活动。个体生命借助存在冲动反抗虚无，把必然性、可能性展开为人生现实的一部分。其中，生命意志对虚无的反抗，

1　转引自约纳斯：《诺斯替宗教》，张新樟译，香港：道风书社，2003 年，第 382 页。

2　尼采：《查拉斯图拉如是说》，尹溟译，北京：文化艺术出版社，1987 年，第 58 页。

具现为对个人边缘处境的超越，即在虚无地平线上对人生的渴望。凭着原初信仰昭示给原初超越的根据，人的自我生起在虚无中进入存在的王国。有限性的人生和人类，由此被语言、文本从虚无中兑换出来，个人的向我存在同时显明为向他的共在。

作为美学对象的生命意志，和人的存在的其他客体化本源——生命情感、生命理智——不是处于分离之中。生命情感、生命理智后景置人的生命中，为人超越虚无地平线给与动力及理想目的。两者作为后景置人的因素，在被生命意志守护期间，潜在地守护着生命意志本身。此岸的生命意志，生成为生命意志的此岸——人生。它创造人承受在上承诺的心境、个人不可替代的文本形式及语言性的言语世界。人生在审美活动中、在生命意志向神圣性的召唤中展开为在此的、现时的、向我的人生。

美学在所有学问形态中，是最少有形态性的一种。它更接近于精神样式中的形上、艺术、宗教。这也是我们把美学和其他精神样式放在一起讨论的原因。我们将美学理解为一种人的生命意志向我而为的学问形态。其功用不在于为这个现实世界创造普遍的自然知识图景和普遍的社会道德图景，而在于把生命的、生存的人展开为存在的、自我的人，把本能的人净化为本质的人，把虚无的人生兑换为实存的人生。生命意志向我而为的活动，其实践者为现实世界中那些在遭遇边缘处境的作为肉体生命的人。美学对象的非现成性，使之能够造就一切现成性的对象包括人生，将作为肉体生命而生存的人充实为本质性的、精神性的文化人。

审美活动，是人的生命意志向此岸世界而为。这种为，立足于现在对在上承诺的承受，指向对过去的积淀因素的清理和对未来的幻想漫游的放弃。它在本质上是个体生命逃出本能性的活动。它在生命中生存、在生存中存在，使人成为自由的、差别性的、精神性的存在者。简言之，此岸的生命意志这种美学的对象，来自于存在者对虚无的反抗和对边缘处境的超越。人在自我意识中直觉到个体生命的有限性、向我性和不可代替性，这是美学以此岸生命意志为对象带给人生的启发。

美学的语言

美学对象的非现成性及其作为"为"的一种审美活动的特点，表明美学语言的差别性：它是能指与所指融于人的现时存在中的直觉性指使语言。

在符号语言中，语意源于语音发声的差别；在象征语言中，语意源于语形书写的差别；在指使语言中，审美活动既不需要概念、观念的发声引出语意，也不需要形式、爱的书写中介。审美直接生成在人的存在中。美亮相在人的生命意志中。这是人在审美体验中无可言说而手舞足蹈的原因。语言的能指与所指，同时指向人的生命意志向我生成，生命意志反之又选择直觉的话语方式。因此，美就是美。

直觉性指使语言，不包含理性概念、观念的思辨和感性的形式表现。人的生命意志，因直觉而把人的生存指向存在、把此岸指向彼岸。人在审美直觉中无需言说和表达。符号语言所设定的人生理想、象征语言所表现的人生形象，就是审美直觉主体本身的人生理想和人生形式。人在超越中赴身超越，在直觉中弥合能指向所指过渡的时空间距。语言的能指与所指在审美直觉中合一。

直觉性指使语言这种此岸生命意志的话语方式，直接把人引向现实的实践活动，引向意识生命体在自我意识中的超越。要改变人的边缘处境，把人带到信仰面前，致使人在有限时段中有所作为。与此相差别的是：顿悟性指使语言这种作为精神样式的宗教话语方式，必须关涉到彼岸、天国、死后的人的世界。其中，人如何顿悟死亡，就决定了他如何对待自己生命的态度。生命意志在归向人的边缘处境中，把有限人生和无限上帝相关联。"然而，凡是接近死亡边缘并从死里逃生的，必清楚知道自己是'重获新生'，也必然以苏醒的和敏锐的感觉来经历此生的独一无二及其美丽。然后，我们便突然醒悟，真正的生活意味着什么。因此，对死亡以及死后生命的想法不一定会转移对此生的注意，它反而能够深化这个生命；它不一定会使我们心不在焉，反而会使我们全神贯注；它不一定会使我们毫不投入，反而使我们放胆去爱。"[3]

顿悟成就于当下的时点，直觉根植于现在的有限时段。

美学以直觉性指使语言为话语方式，将人的生命意志向生存意志指使。人在自我意识中的生命意志，本来区别于植物在生长结果本能中的本能性生命活动。生命意志向生存意志而去，同时在去中构成人的自我，以护守理性文化在差别性直观中所设定的人生意义和感性文化在相关性直观中感觉到的人生形式，避免死亡对人的生存的吞噬。生命在人的生存中被给与意义。人由此获得了自己的存在性。

3　莫尔特曼：《来临中的上帝》，曾念粤译，香港：道风书社，2002年，第67页。

　　反抗死亡的目的，最终指向对虚无的反抗。生存意志又向存在意志指使。在人的存在中，人被指使去努力，被指使去努力反抗人的边缘处境。存在意志，成长在原初超越吞灭人的边缘处境的实践活动中。边缘处境，指使出人的存在的注定性（痛苦）、向我性（孤独）、一次性（空虚）。这种关于人的存在的直觉，仿佛是一种展示。个别生命意志在哪里，哪里就有存在的在场。边缘处境带出人的存在特性，又向他人标示出存在的价值或个别性。个别性生成人的自我意识世界，一个肉身的人因"我"在虚无地平线上的生起而成为个体生命的存在者。

　　指使的内涵为：人的生命意志直接向存在而去。这种生命意志直觉存在的话语方式，在日常审美活动中规定美是不可言说只可实践的真。人的生命意志在实践中，超越于生存赴向存在。美学这种学问形态特有的话语方式，再次标明人的生命理智、生命情感与生命意志的关系。在外在层面上，审美直觉体系在个体生命中的确立，来自于人的审美活动，无需任何理性的言说与感性的表达；在内在层面上，审美活动在后景置入生命理智、生命情感中继承了存在本源的全部对象。但是，它们在前景开出的生命意志面前，只有沉默不语和静默无为。因为，生命意志已经直觉到存在的特性，把直觉的所指与能指融合为一。人的生命、生存驯服于人的存在的直觉指使。

　　所谓直觉，指人无需任何中介即能步入自己的存在去生成自我的能力。人在向我生成中，通过护守理性确立的人生差别性和感性应允的人生相关性，将自我充实为意识生命体。美对没有直觉力的人，永远是个不解之谜。

　　美学语言的直觉指使性表明：在美学的问题域中，没有美、美感的起源之类问题。从前美学追问美、美感的本质、起源，使其追问者更加远离了美学的中心问题——审美中的美丑问题（注意：没有审美即生命意志的超越性活动，便没有美丑的差别）。当代分析美学放弃追问上述问题，但给出的理由隐藏在分析哲学对形上的态度里，因而忘记了研究美学本有的语言独特性。其实，美学这种学问形态，根本就不存在可以同科学、伦理相较的问题域。因为，生命意志已经在人的审美活动中，以存在的人生为方式给出了全部问题的答案。面对人的存在，在人反抗虚无的进程中，还有什么问题要问呢？对于在山坡上的西西弗斯而言，其问题永远是如何把眼前的石头推上山顶。当然，人在停止反抗的时候，也会追问为什么要反抗的问题。

美学反对任何观念性的追问及任何解释性的追感，它为人生为其所为。其所为的正是人要去的处所——人的存在。在审美直觉中人放弃概念、观念的附加，忘记从虚无中带出形式与爱恋，意识生命体依靠自身向自身而去，去超越虚无，在虚无中谋求创生。在此，意识生命生成的，不是形上意义和艺术形式，而是人生的存在。存在就是意义，就是形式。意识生命对自身采取游戏态度。它无意无形，因其本身已展示为有意义、有形式的存在。语言中的能指与所指的间隔在游戏中消除了。

美学的使命

在前面关于个别学问形态的界域中，我们将美学的使命规定为：人的生命意志在向自我而去中生成普遍审美的直觉体系。至于个别学问形态和精神样式的界域，价值逻辑论从其对象、语言、使命三方面加以陈说。这三方面彼此内在照应。美学的对象和语言，赋与美学特有的使命。此岸的生命意志、直觉性指使语言，使构成美学使命内涵的这些语词必然对人的存在赋有指使意义。人的存在展开在心理时间中，因而是活动性的、过程性的。这样，审美直觉体系对个体生命言即人在审美直觉中超越边缘处境的存在。在如何确立普遍审美直觉体系的意义上，美学关注人在存在中如何超越与沉沦的问题。

科学在概念阐释中建立自然的普遍知识体系——关于自然的秩序图式，伦理在感受描述中为社会的共在者全体确定普遍道德体系——关于社会的秩序图式。但是，美学在审美直觉中生成人的差别性自我的普遍性由什么承诺呢？

原初超越的原初性在言成肉身，肉身于是成为圣言居住的殿。正是圣言本身突破自身取形肉身的样式，才有言成肉身的可能性。这种可能性，给出原初超越以原初性。因此，审美直觉中的意识生命体，作为差别性存在者的普遍根据，由自在永在的存在三一上帝给与。它在原初超越中信仰终极信仰。

超越总是我对边缘处境的超越，沉沦总是我在边缘处境中的沉沦，在我的痛苦、孤独、空虚中的沉沦。我带着我的存在走入心理时间中的现在，在现在中开展出我的存在根据。在我的意识中，只有我的存在在存在。我或者努力超越边缘处境，或者沉沦其中。我在超越中同时间不断结缘，心理时间不断把我从封闭的心灵中带出来，步入文化的、精神的世界中。我的存在不可代替，唯有我是我存在的主体，同时承受存在所产生的一切。这就是人在社会生活中私权包括隐私权不可侵犯的存在论应许。在我奔向沉沦中，我寂灭了对超越边缘处境的意识，我远离心理时间，远离现在向过去的降落和在未来的生起的努力。因为沉沦，我不再现在了，不再从生存向存在过渡。我只有以他者为家。我的存在也不是差别性的、不可代替的，不但我的存在能被他人代替，而且能被它物代替。在代替与被代替中，我的存在不再存在，并降格为生存，再降格为生长性的生命，最后沉沦为物的在。存在不再由我为了，那么，我还有什么我呢？还有什么差别性呢？我和他人、它物共在于现成性的时间相，我的言语即大众的语言，我的精神熄灭在我的肉身中。甚至，我留下的也仅仅限于肉身。这个肉身，更不属于我，而属于不是我的一切对象。

我之所以沉沦，是因为我对自己作为存在者的无明，我无明于存在和生存、生长、在的差别，无明于心理时间同其他现成性时间相、以及个别时间相与普遍时间的差别。我无神圣性的在上承诺者，或不承受这种在上的、彼岸的承诺而将之奠定在此岸的有限者承诺上。相反，我能够超越边缘处境的原因，在于我自觉到我的生存不是我的存在，我的存在的神圣唯一性，不是由任何现世的个别有限者承诺而是由彼岸的永远自在永在的存在本身上帝所给与。我自觉承受在上的终极差别这个承诺者的承诺，将自己的存在根植于普遍存在中，使我的存在转化为存在本身的现象。我在审美超越中体验到有一种终极在上的存在，在宗教信仰中确证这种存在的唯一性。所以，审美超越伴随着宗教信仰的成份。它不可言说但可实践。

审美超越直接承受普遍超越的在下承诺，人从虚无地平线上越过边缘处境进入存在中。审美超越可实践，因为它就在人的存在中，就在人从生存走向存在、从存在走向位格的旅途中。人在审美超越中，实践的正是审美超越在上承受的可能性。

生命意志对虚无的超越，实际上间接通过超越人生的边缘处境来实践。包括美学在内的一切学问形态和精神样式，无不是人超越虚无通向存在的方式。美学作为一门学科的功用，正在于为存在者全体应许超越虚无地平线的力量，使人摆脱一种全本能的生存状态。

审美引导人去直觉自我的存在，认可人作为人超越边缘处境的必要性。审美直觉，不是理性的知性判断，也不是感性的趣味判断；它拒斥概念性的解释和感受性的描述。审美直觉，直接生成人的存在。在这个意义上，审美构成人生存在的一种方式。

审美直觉对象的非现成性，使美学比起伦理、科学更有生成性的特质。美学的对象，因此是人的生命意志超越虚无的产物。它诞生在生命意志向我的实践活动中，诞生在意识生命体的审美直觉中。生命意志通过审美直觉，护守人的存在的差别性和相关性。人在这种护守活动中，从自然的、本能的肉体生命体成长为人文的、本质的意识生命体，进而在社会价值逻辑中表现为精神生命体，在历史价值逻辑中表现为文化生命体。

其实，早在席勒那里，就开始了对美学使命的追问。他用审美游戏冲动调和理性冲动与感性冲动。但是，本真的游戏冲动消失在自己的调和努力中了。席勒忽视了人的存在本源中生命意志的独立性。

以往美学中的趣味无可争辩、美感的主观性的问题没有也不可能被解决，因为，无可争辩的趣味和主观性的美感出现在审美直觉的实践中。撇下具体现实的审美活动，不但没有美感，而且无作为争辩对象的趣味。在这个意义上，真正的美学即审美学。

附录 1：1991 年形而上学纲要

题记：

全超验的形而上学，在终结一切传统形而上学的封闭性努力中把自己发展为开放的体系。它不再以形而上学所设置的问题为中心而是以人的生命理智的全面开展度为中心，不再以有始有终的自然为对象而是以无限的被生成的自我为对象。它向人生、生命、心灵开放而不是向世界、存在、肉体开放。追求真理不再是全超验的形而上学的天职，陈述关于自然的知识形式不再组成它的内在话题。

一、导论：形而上学的可能性

    1. 形而上学对人的存在意义

    2. 形而上学的对象、语言、使命

    3. 作为精神科学的形而上学

    4. 形而上学的超验性

    5. 形而上学的理想向度：全超验的形而上学的一般展开

二、形而上学的起源：对形而上学的构造的分析

    1. 原初观念——形而上学的根源

    2. 赴身现象——形而上学的创生（思想的起源）

    3. 原初观念与赴身现象的功能

    4. 原初观念与赴身现象的内在关联

    5. 形而上学存在的准可能相（三种理想的心灵图景）

一、导论：形而上学的可能性

形而上学的可能性，指形而上学家对形而上学成立的普遍条件的反思。这种反思活动即形而上学自我展开的过程，它有机地构成形而上学的一部分。

决定形而上学的可能性的因素：它对人的存在有何意义；它是否满足作为一门学科的充要条件；它在人的精神现象中所占有的位置；它对自己的根本特点的规定。

1. 形而上学对人的存在意义

人生存在边缘处境中，他面对边缘处境而努力。边缘处境，是人与生俱来的只可反思不可怀疑、只可感受不可改变的被给予的存在境遇。它最大限度地设定人生的可能性、人生努力的极限。

人的边缘处境体现在死亡中。死亡颠倒生存，颠倒一切现实性、一切可能性为永远的不可能性。它断裂一切行动的希望，把人生送入无边无垠的黑暗、绝望的地狱。死亡同生存是原初对立的。生存在哪里起步，死亡就在哪里跟踪；哪里有死亡，哪里就没有生存。

在进化论看来，人起源于动物，他同一切动物一样，不可能在生存的时候历经死亡的通道，不可能在活着的时候体验死亡。但是，人可以先行到死亡中去，在不断颠倒生存的活动中在先体验死亡。这种先验的努力，把死亡提前到生存的尚未中来把悟。这产生了作为边缘处境的现世样式：痛苦、孤独、空虚。人为什么痛苦？因为他不得不努力生存，不得不把一切不可能性、一切可能性发展为现实；人为什么孤独？因为在人生的旅途中他只依靠自己个体的力量在思、在爱、在游戏，孑然地走向死亡；人为什么空虚？因为他占有只意味放弃，言说只表明遮蔽，何况在他生之前后，一切对他是虚无。不过，这些死亡的变式，没有解除人必死的命运。人存在的既定背景，主宰着他努力的方向、意义和价值。

于是，我们发现在边缘处境背后虚无地平线的冉冉升起，发现一种神秘的东西在统治我们的心。正是在虚无地平线上，我们感受到死亡这种颠倒行为怎样化身于痛苦、孤独、空虚之中。虚无地平线的上空是两幅巨大的横标在飘扬："有限的人生""有限的人类历史"啊！从此，我们明白了：人生的有限性决定人生的意义，人类历史的有限性显现人类的价值。

不过，语言在拯救我们，文化在构筑我们生存的家园。人不仅生存在边缘处境中，而且他在利用语言创造文化，把自己的命运从边缘处境中替代出来，把自己在那里的所思所感记录在文化里，以此表明自己不死的愿望。所谓永恒，所谓不朽，不过是说人在语言中在文化中变得不朽、化为永恒。

诚然，人生有限，但文化长存。在这有限的人生中，人创造了使自己不朽的手段——语言，构筑起使自己永恒的归宿——文化（文本世界）。人的伟大，在于他辞别这个世界后能够继续生存在文化里。正是语言把人从虚无地平线带向存在地平线，正是文化把人从个体纳入人类。人超越边缘处境的努力，他在语言的指使下创造文化的活动，是他在虚无地平线上生起自己的存在根据、使自己成为人类中的一员的过程。

面对这种努力，形而上学为人的生存产出观念和观念的组合——思想的原则。这些东西为人的存在发挥独特的作用。人类代代相传纪念柏拉图，因为他在虚无地平线上提出过"理式"这个观念及理式如何构成思想的原则——摹仿。他凭此建立起明证自己生存过的文本世界以超越人生的有限性，使自己的存在意义从个体蔓延到整体——人类。

形而上学作为文化的一种样式，它是人超越边缘处境的工具。这种超越活动本身，只是人的存在片面地自我展开的行为，是人的存在在观念中、在思想中的现身。不管怎样，只要人生存在虚无地平线上，人就离不开形而上学，离不开使用观念、思想把自己有限的人生纳入无限的人类历史长河的形而上学。

2. 形而上学的对象、语言、使命

形而上学把人从个体推向整体，是它以观念、思想为手段构造出明证个人存在过的文本世界。任何一门学科要在人类文化中占据独立的位置，要为人类的进步发挥独特的功用，在其诞生之际，它必须反思自己的对象、语言、使命的特殊性。

鸟儿没有天空就不可能自由地翱翔，学科没有对象就失去了存在的空间；鸟儿之所以不会成为大地的奴隶是因为它有翅膀，学科之所以独立发展是因为它有语言；至于使命，则是学科的卵巢，它指明学科展开的方向。

亚里士多德说形而上学是关于存在本身的学说，是反思一切存在之根源的学说。这表明：形而上学一开始就不是栖息在虚无中，它以存在的大地为自己生存的处所。不过，从前的形而上学还没有踏上自己应该去的地方——人的心灵空间，这就是人的生命理智如何创作充实的人生的过程。

追问生命理智运行的法则，反思生命理智如何为人生树立思想的支柱，这便是形而上学的对象（为什么以此为对象，见下文）。从这里，笔者看到了形而上学不同于科学的语言。

形而上学直接以人的生命理智构造人的心灵图式为对象。它的语言是一种观念的感应性符号语言。个人心灵感应的不同，导致每个人的心灵世界——形而上学观的差异。永远不可能存在对每个人有效的形而上学。个人感应能力的高低决定他选择原初观念的取向，感应范围的大小预定他赋与原初观念、赴身现象以意义的可能性。这种可能性，使我们每个人为自己在虚无地平线上、在有限的人生中构造起属己的思想世界。形而上学只为人献身一种思想的原则来改造人生而不是改造外在的现实——自然、社会。由形而上学的感应性符号语言造成的思想的不统一，指明每个人是一个独立的个体世界。

人的生命理智对自身的实践，实为一种感应过程。这是我从形而上学的对象推演它的语言的大前提。不用说，人的生命理智一旦运行在心灵中，它就要驻足、反思、积淀人生的图式。当人的生命理智对自身进行感应的时候，符号的能指与所指的功能作用于感应便显现人的思想世界——充实的人生。形而上学的使命，于是本能地到场。形而上学在彼岸世界、在可能性中不断生起人生的观念性的支柱。

那么，什么是形而上学呢？这就是人的生命理智使用感应性符号语言在彼岸世界为人生构造心灵图景的精神活动。它生产思想使人生成为充实的、富有意义的旅行。

3. 作为精神科学的形而上学

精神科学同自然科学的区别，首先不在于各自使用的语言的不同，而在于其对象的特殊性。只有深入到对象的特殊性中，才能真正理解它们的语言、使命的差异性。[1]

精神科学的对象，在精神的活动中被给予、被构造。其发生史表明：任何现成的东西，任何外在于人的精神活动的东西都不会作为其对象。它们只构成自然科学的对象。早期的精神科学还多多少少带有自然科学的经验性痕迹，时而把自然的部分东西纳入自己的领域，这正构成精神科学不成熟的标志。后来，越是精神科学的东西就越远离自然，远离一切既定的事物。这种对自然的远离，导致人内向精神、内向自己本质的回归。

没有语言的活动，也就没有精神；没有精神，人就丧失自己的本质。人之所以为人，是因为他在通过自己的活动把自己人化，把自己精神化。这即是人给出自身、构造自身的过程。这种过程的积淀，产生以文化为内核的文本世界。

"我们得知动物并不是生活在稳定事物的领域内，而是生活在复杂的或扩散的性质的领域内的。它并不知道那些确定明晰、永恒不变的对象，而这些对象正是我们人类世界的显著标志。"（卡西尔语）人类生存在永恒不变的世界里，他在利用语言构造自己。这种生生不息的构造活动本身，这种精神在语言中的消息行为，把人同动物区别。

精神科学，不仅不以现成的自然事物为对象，而且不以外在的心理现象为对象。这说明精神科学是人文科学的一个属类。精神科学的彼岸性，要求它在未来的可能性世界中构造自己的对象。它的最基本使命，在于通过人对自身的参与使人在这种活动中生起自己的精神、自己的本质。

形而上学的历史本身，就是精神向我构造的历史。在现实的自然现象里，在社会的日常生活中，我们呼吸不到形而上学的气息。只有在人的精神活动

---

1 笔者当时认为：学科的对象决定了学科的语言。不过，如果人首先是一个语言生命体，如果考虑到 20 世纪哲学研究中的语言学转向，和自然科学、社会科学不同，人文学科的对象更多是在研究者的研究过程中被建构出来的。其原因在于人总是在自我理解中来理解他所言说的对象。在这个意义上，形上、艺术、宗教三种精神样式，其实是人关于自我理解的言说，虽然这种言说和人之上的普遍自我相关。

中，只有在人向自己的本质演进的途中，形而上学才开始萌芽生长。精神中的生命理智运行于人的心灵空间，人在观念的感应性符号语言的指使下，一个永恒不变的、抽象的文本世界出现在人的面前。

如前所述，形而上学以人的生命理智为对象、以观念为语言、以构造人的心灵图景为使命。这种生命理智本身、这种由观念构成的人的心灵图景，只不过是人的精神不全面的向我展开，是人的精神通过自身给出自身的努力。

形而上学是精神科学，它的对象生起在精神的活动中。它不同于其他精神科学——艺术、宗教、神话等。它以感应性符号语言——观念带动人的生命理智向心灵运行。形而上学，绝不是高于其他一切精神科学的学说。那种把形而上学阐释为其他精神科学的本源论企图，在主观上似乎是为了捍卫形而上学的形而上特征，在客观上却致使形而上学毁灭，使之沦入一种无家可归的状态。不管在什么时候，形而上学一旦充当精神科学中最高的学说，这便预定了它的不幸命运：表面上的主宰一切，恰恰是一切被主宰的标志。在黑格尔哲学那里，形而上学渗透到艺术、宗教中，最后演变为一种绝对的体系，一种不再被发展的、没有生命活力的东西，一种丧失形而上的理性结构。在那里，精神终止构造活动，形而上学家远离人、突变为神。

因此，精神科学的各个学科生来是平权的。它们分别以不同的方式为人的发展贡献不同的力量。一些形而上学家，顽固地把形而上学推举到高于其他一切精神科学的地位，认为在人的心灵世界中，人的生命理智由于给人带来秩序而比生命情感、生命意志优越。他们没有意识到生命理智的彻底展示必须以生命情感为动力，以生命意志为背景。要是生命理智从人的心灵世界的全体中孤立出来，这便摧毁了自己在场的基础。生命理智同人的心灵的脱节，致使形而上学同精神科学的断裂。其为形而上学缔造的，不是富强的天国，而是埋葬自身的坟墓。形而上学被发展为一种纯粹的概念思维体系。

4. 形而上学的超验性

历史上，形而上学激励那么多的智者把自己的全部理想、生命殉身于构造观念的事业。因为，它在自己的原点永远流射出超验的光芒。在 20 世纪相继诞生相对论、量子力学、耗散结构论的时候，形而上学在现象学、存在论、诠释学方面取得了辉煌的成果。形而上学通过超验性同科学并驾齐驱。可以说，没有超验性，就没有形而上学。

所谓超验性，指形而上学在起源上的感应性，在效果上的向我性。过去的种种形而上学最初的构成，基于每个人感应的需要，基于每个人对彼岸世界的观念性渴求。这里，感应不是感受。感受是人的生命情感非语义的波动，感应是人的生命理智在语义符号中的运演；感应不是感觉，前者构筑观念思想的文本，后者展现象征形式的文本。个人对语义符号——观念选择的差异性，支配着形而上学超验的向我性。在效果上，永远不存在对每个人有效的形而上学。任何形而上学家使自己的形而上学为他人接受的愿望本身，就在反形而上学。他构造形而上学只有一个目的：为自己在虚无地平线上树立理论的思想的根柱。[2]假如你以他人的形而上学为自己的依靠，那么，你在虚无地平线上将退化为零度存在，一种非意义的空洞的存在。你附身于他人的存在，他人的生活即你的生活。你不过是一个脚注，一个随时可能被遗弃被修改的旁批。

形而上学的超验性，是同科学的经验性概念相对应的观念。科学之所以是科学，在于它的经验性，它在起源上的可检验性，在效果上的普遍可接受性。今天的一个中学生，只要在相同的条件下实验牛顿定律所陈述的力学现象，他观察得到的结论一定与牛顿的相同。而且，这个客观结论对任何具有理性思维能力的人一样生效。经验性，是科学能够为人类描绘一幅完整的自然图景的原因。相反，形而上学只为每个人构造属己的心灵图景。这种图景为其构造者的生存提供富于意义的见证。它使人生充实，使有限的人生在人类历史中相对无限地延存。如果形而上学要规定人区别于动物的本质，那么，这种本质，绝不可能感应、切中一种对每个人合理的理性结构。个人对不同语义世界的需求，映现着心灵图景的千差万别。在这个意义上，只存在信仰的形而上学，不存在普遍可接受的形而上学。[3]

超验性，不仅是形而上学内在的本性，而且是形而上学史发展的内核。在古希腊，苏格拉底初次洞见"理式"这个超验观念，柏拉图以此为组织万物尤其是人的心灵图式的根源，此时，形而上学呈现原始的繁荣；亚里士多德把形而上学定义为一切存在之存在的学说，形而上学自觉到自己超验的对象。中世纪是一个以基督教替代形而上学的时代。文艺复兴用形而上学证明科学的合理性。直到十八世纪，启蒙哲学家康德批判地思辨过形而上学的本

---

2 形而上学在观念上具有个人性的规定性。

3 形而上学家相信自己所构造的观念世界，是一种个人性的自我世界。

真对象——生命理智的实践法则，尽管他努力使用先验的语言完成非超验的使命——为自然科学给出前提。后来，存在论、现象学大大地加强了形而上学的超验性，企图透过超验的语言通达超验的世界。遗憾的是，这些学说一开始就建立在反科学主义的基础上，其对象潜在地带着一种与生活息息相关的非形而上特征。形而上学的过去昭示我们：它的超验性的比重，总摇摆在对象、语言、使命这三者之间，它没有也不可能升华到自己的理想向度——全超验的形而上学向度。

5. 形而上学的理想向度：全超验的形而上学的一般展开

符号学对元语言的阐释表明：在形而上学的生成史上，新的学说必然构成既定的其他学说的全部或部分的元语言。形而上学已经在向一种理想的向度升华，现身在全超验的形而上学中。由于它的全超验性，全超验的形而上学，不是同其他个别的形而上学体系并存的一种形而上学，而是一切形而上学的形而上学。它超越其上又不完全地隐现其中。形而上学的最早名称，即"原初哲学"而非"第一科学"、"超物理学"而非"元物理学"。

全超验的形而上学，是所有形而上学的存在诠释学。它为全部形而上学超验地呈现出存在的各种可能性，解释其原始起源、内在构成及成立条件。它是一种规序形而上学史的方法。

关于超验性，我们在形而上学的传统文本中也许能够零星地发现。但是，我们所发现的只是支离破碎的超验性。全超验性随形而上学的自我追问、自我沉思而生，随形而上学的理想向度而来。只要企图理解现成的各种形而上学存在的可能性，追问它们的原始起源、内在构成及成立条件，全超验性自显在意识之中。这种意识现象的写作，带出全超验的形而上学。

全超验的形而上学，是对象的超验性、语言的超验性、使命的超验性的三相一体。这三相的划分，只有在全超验的形而上学前展开状态中才可能。它们居住在全超验的形而上学的不同侧面，以不同的功能指示全超验的形而上学的存在。谁踏入任何一相的家门，谁就同是其他两相的客人，分享全相的光荣、繁华和无尽的欢心，世代积累的思想。

（1）精神科学的大法与生俱来浸透在形而上学的生存历史中

形而上学的对象，不是现成的物理事件，不是既定的人与自然的关系，而在人的生命理智的向我运行中被构造出来。这种构造过程的积淀，这种生命理智不辞艰辛的活动本身即形而上学。人的生命理智的大法奔走在虚无地平线上，关注有限的生命如何成长为历史的生命，沉思个我如何向人类的全我引渡，这即是形而上学。它身怀理性的力量照明人的心灵空间。它在语言中留宿、生产观念性文本。

未被生命理智批判过的人生是自然的人生，不从虚无地平线上起步的生命理智结不出纯粹的人生果实。这种人生以前人的东西为自己思索的起点，以他人的观念为摆渡此生的方舟。本真的生命图景沉没到传统的大海里，自为的生命样式陷落在社会的江河中。

形而上学的对象，出生在人的生命理智向我运行的途中。它置身于虚无地平线、冥思人生的寄所何在、生存的支柱何在，存在的根据何在。形而上学，把一切自然的东西当作背景悬置起来，把一切现成的东西当作遗产放到括号里。它根本不关注人与自然的关系，也不回答人在自然中的地位（人与自然的关系、人在自然中的地位是科学的主题和使命）。那么，形而上学岂不是以人在自己心灵空间中的位置为问题吗？它岂不是要明晰人类生命的普遍图景、终极的生命样式吗？

然而，同其他学科一样，形而上学在过去没有意识到自己的边缘而越俎代庖地思索过科学的问题，好心地为科学家出谋划策。这阻止了形而上学自身的发展，拖延了人类奔向文化世界的时程。不过，形而上学的自我反思正在结束这种不自尊的局面，使形而上学永远自醒到：凡是现成的都不是形而上学的。

（2）形而上学不以自然为对象，科学不以心灵为对象

从对象方面看，形而上学与科学存在内在的关联：其主体共同指向人的生命理智。只是，这种生命理智所去的目的不同。形而上学让人的生命理智向待定的心灵而去，科学让人的生命理智向既定的自然而去。科学发现自然图景，形而上学构造心灵图景。

正是这种被构造的心灵图景呼唤形而上学语言的超验性，正是这种超验的对象开启形而上学语言的超验性。没有超验的语言，便不可能生产超验的心灵图景，不可能切中超验的对象。形而上学的语言不是经验的，它是一种只相对个我而存在的感应性符号语言。感应、感应、感应的血，浸透在任何形而上学体系的原始基因中，流露在任何形而上学家的言说话语中。它从语言的视角把形而上学与科学划定在不同的界域里。

形而上学与科学的区别，即超验性与经验性的区别。这在构成上是观念与概念、在言说方式上是感应与陈述的区别。

科学的发展，在最基本的层次上表现为概念的更新。一个新概念的出现，是客观世界里的一个新的现象事实不能被旧概念解释的结果。事实成为规定概念内涵的法律。形而上学的观念在本质上同事实无关。它渗透在形而上学家的感应需求中。这里，观念的内涵被给予而不被发现。

在言说方式上，形而上学自始至终贯注着感应性。没有感应，就不可能有形而上学；没有感应力的人也不可能是形而上学家。

感应是人创造观念的能力，是人利用观念及赴身原则在虚无地平线中建构思想的能力。作为形而上学的话语样式，感应区别于陈述。陈述的对象现成地存在于言说中，感应的对象在言说中被给与、被构成。陈述的结果受制于事实的检验，它有正确与错误之分。其标准取决于经验事实。感应的结果为人的心律所设，只有恰当与不恰当之别。前者受事实的批判，后者受自我批判。形而上学文本的价值在于它唤醒人的感应力。

不过，科学与形而上学要用符号语言使人的生命理智文本化。这种符号语言现身于形而上学中，能指与所指的界线被彻底消除：能指等于所指、所指等于能指、所感应的等于被感应的。形而上学不再对两者的契合发问，不像科学那样反复检验所指是否与能指相符，验明所陈述的是否与被陈述的对应。

（3）超验的语言生产超验的心灵图景，创作这种心灵图景乃形而上学的使命

小孩从虚无地平线上成长，文化 、语言、文字、历史外在于他。他的生命理智处于潜动的状态。他的心灵图景是空洞的存在，一种零度存在。伴随逐渐人化，他开始怀疑周围的一切，对父母的所作所为常常抱有惊讶的目光，不相信文本的言说。这是对现成的一切加以虚无化的过程，也是他在虚无中着手构造属己的心灵图景的前兆。在这个意义上，常人的生存留有形而上学的烙印。不过，有人有意识地走在这条路上，让观念赴身到自己的生命理智的运行中，赴身到自己的生命样式中，这即形而上学家。

形而上学为人类展开普存的、富于终极意义的心灵图景。它在观念的指使下把人从混乱无序的虚无中拯救出来，把一个充满秩序的绝对的生命样式置入暴躁不安的灵魂中，使有限的人生继续无限地生存在人类历史中。

形而上学为人类生产思想。思想之所以是思想，因为它被想出，被人的生命理智利用观念及赴身原则构成。它不是任何既定、现成的东西。思想的生命在于生生不息的设疑，在哪里停止对合理性的提问，思想就在哪里僵死。

形而上学通过创造思想使那些在思想的人成为充实的人，给予他们的人生以意义之光。它的问题域，被限制在思想的起源、思想是什么内，而不是知识的起源、知识是什么。

作为通达一切形而上学存在可能性的方法，全超验的形而上学必须解释形而上学的言说方式，阐明形上文本的价值。

二、形而上学的起源：对形而上学的构造的分析

在形而上学的历史上，形而上学家曾经就形而上学的起源作过说明。其结论的千差万别，根源于他们各自所感应的原初观念的大相径庭。笔者的视角是全超验的形而上学。它企图阐释一切形而上学的起源，分析形而上学的构造过程。因为，起源与结构的生成同步。

1. 原初观念——形而上学的根源

人在虚无地平线中的困惑：以什么方式把有限的人生隐身到无限的人类历史中，以什么方式在虚无中构成自己的存在根据。

人类选择形而上学为自己的一种人生样式前，在文化平原上进行过各种各样的试错。有人在和谐的韵律中品味诗的美，有人在对自己的灵魂的冥想中体悟思的极乐，有人惊恐于大自然的完善秩序，有人观照神秘的外来物。那时，人类处身于文化前状态，一个无语言、无文字、无书写的时代，一个有言语、有记号、有记录的时代。人在野外盲目捕取食物的时间，远远多于他在家谋划怎样捕食的时间。他在自己的家园外投放更多的心血，他在生活中更多地使用四肢而不是大脑。总之，淡漠自我、冷冻心灵，这就是人类史前期的生存特征。这种特征，至今隐略地出现在儿童及原始民族的生活中。

也许是大自然的一次灾难性洗劫促使人类改变对自然的态度，也许是人生梦想的悲惨破灭带来个人对诗美的怀疑，也许是所在部落的意外瘟疫让人设问酋长的教导。一些人越来越意识到有必要集中一生的精力注意某种对象，发明文字、符号把其结果记录下来，这标志学科的萌芽。

在日常生活中，人首先同大自然会面，人类最早把注意力较系统地投放在大自然上。东西方的历史记述皆可为证。当这种关照被大自然拒绝的时候，抑或大自然突然发生奇迹的时候，人会深入其背后寻找原因，渴望一劳永逸地提出关于这种原因的终极的、普遍的解释。这体现了人类需要形而上学的原初动机。

在大自然的彼岸，人类遥想到还存在另一个世界。在物理学的对面，人类创造着超物理学。正是超物理学给与人生思的可能性，是超物理学为物理学的发展应允理性的保证。因而，也在超自然的彼岸，人越来越冥悟到一个不同于自然、按照自己的法律运行的世界，或曰道的世界，或曰理念的世界。我说：这是心灵的世界。

只要驻目心灵现象让它在被构造中成长，只要致力于区别心与物把心归纳到观念中，这即形而上的活动。形而上学是对这种活动的完善。

只要对自然现象穷根问底、对人的生存的解释步步深究，人就会同一个只能被信仰不能被追问的东西相遇。这种东西，时而以观念的方式闪现在大脑中，积淀为一种其内涵固定的原型，此时人涉身形而上学的根源：原初观念。

为什么人偶然地能够切中原初观念？为什么人必然地要构造原初观念？因为：人是虚无的存在，他必须在虚无地平线上树立属己的墓碑，在碑上书写标明自己生存的文字。他必须在无限的可能性中构造一种可能性作为自己的实存基础，向我展开一种可能性成为他通向存在的过道。这是人创生人生支柱的本能需要。

动物心理学表明：动物的行为取向更趋于变化不一的全本能活动，人要给与这种活动以稳固的规律、和谐的秩序。动物只生活在"意识"中，人把这种对生活的意识书写在符号、文字里，使其成为一种永恒不朽、代代可用的模式，一种始终一贯的言说。个人提出原初观念，正是为了从理论上系统地整序这种模式、这种言说的涵义，以此解释生存现象。因此，人生必需原初观念，不管他构造什么样的原初观念。

原初观念对人生的存在性，使它能够认明人的存在价值；对形而上学的根源性，使它成为全体形而上学体系产生的根本动力。

原初观念之所以是原初的，因为它绝对地预设人的存在。这种预设本身，显现着人的存在本性。它无条件地把人从虚无地平线中替换出来，无尽地把人从虚无的世界指示到存在的世界，标明人从个体向全体的质变。个体的人占据类的本质与类共存。在形上史上，原初观念已经演变为人的存在谓词，它为人生育一切而不被一切所生育，它为人生养一切而不被一切所生养。在未被发现之前，它潜意识地显现在人的存在中；在被发现之后，它自觉地引导人不断存在，不断使人向存在的地方赴身。原初观念为人规定一切而自身又不完全地隐身在这些个别的规定性中，它为人奠基人生的大厦。

原初观念的原初性，还体现在它构造一切形而上学体系的本源能力中。形而上学家不同于常人或其他形式的文化人，因为他创作了属己的唯一的原初观念。个别形而上学间的差异，首先是各自所隐含的原初观念的区别。在形而上学史上有柏拉图的"理式"、圣奥古斯丁的"上帝"、斯宾诺莎的"自然"、康德的"物自体"、谢林的"绝对同一"、黑格尔的"绝对理念"、马克思的"社会存在"、尼采的"强力意志"、雅斯贝尔斯的"大全"、海德格尔的"此在"、卡西尔的"符号"等。这些原初观念，在其相应的形而上学体系中发挥解释一切、联贯一切的功用。当形上思者对自己的生存现象感到迷惑时，他们就用原初观念来明晰这种迷惑，中止对人生的追问。形而上学家因原初观念的万能性被拯救。在这种本质意义上，原初观念是形而上学家发自内心的信仰偶像，是他用以破释人生的基本代码或DNA。

所以，形而上学注定蕴含信仰的特质。没有信仰，原初观念就不可能获得意义。没有原初观念，就不可能有形而上学。原初观念的内涵，受制于人的信仰的指使；形而上学的基本走向由原初观念来造型。

如果信仰是原初观念的生命，那么，原初观念就是形而上学的生命。

如果原初观念是形而上学的支柱，那么，形而上学就是人生的支柱。

抹去原初观念的形而上学是无根的形而上学；远离形而上学的人生是空洞的人生。

2. 赴身现象——形而上学的创生（思想的起源）

（1）原初观念使人在虚无地平线上感应到生命的回光，使人的生命暂时不再处于无归状态飘走流浪

原初观念为人的生命找到了短期的工作，让人踏上了谋求把自己从虚无地平线中解放出来的道路。但是，这并未向人允诺：虚无地平线就不会再次侵袭甚至抽空原初观念，进而把它从存在中根除。伴随这种焦虑，生命理智

如果要成功地构成自己，它必须继续为自己的存在斗争，在原初观念启程的地方向我奔走，彻底地为人建立明证其存在的根据。

为了使原初观念在根本上摆脱被虚无地平线弥漫吞没的危险，它本身需要赴身，需要在自己的意义被凝固的地方生起思想，只有思想的大厦才能同虚无地平线抗衡，使人生的有限性转移到不朽的无限的存在长河中。为了使生命理智不再空虚无聊，从而在被创生中显现自己的价值，当生命理智的这种理性功能注目于人的心灵空间胸怀为它描绘有序图景的企望，生命理智面对心灵需要赴身。形而上学的感应性符号语言，被自然拒绝被自我接纳需要赴身。

赴身是人的生命理智的在场，是生命理智与心灵的同时降临，是人对彼岸世界中的观念、思想的感应。赴身把人带到形而上学中，使人在向自己的理想目标进发中被思想充实。由于赴身，形而上学成为人倾心从事的活动。在这个意义上，人只能把自己的心血投入形而上学而不可能学习传授形而上学。我们赴身、与形而上学同在。

所以，赴身现象是内在于形而上学的现象。它显现在人的生命理智规划秩序的活动中，决定人在形而上活动中的地位：这就是不能远离现场的命运；这就是人对展开原初观念的渴望、对现实组合的深深依恋。在这种现象中，人的心灵图景被带到观念面前，一切思想的去向被观念牢牢控制，正如现象把万物映射在意识上。

赴身现象使形而上学以纯粹观念为基石，使由观念组合成的思想的起源获得了在根本上不被明证、不被怀疑的可能性。人在赴身活动中生产思想，思想是人赴身感应的结果。这个结果，反过来又构造人的心灵图景，成为证明人存在的根据。思想的光芒，出现在原初观念的赴身之途。

如果生命理智以现成的自然为对象，人的情感、意志全从思中被驱逐，在那里，赴身现象彻底消失了。这要我们客观地描述自然图景；我们必须从思的意向对象中逃走，只留下生命理智本身的功能。我们的思想不从自然中源出，正如我们在自我中不可能发现知识的隐身地。总之，形而上学赋予人以思想而非知识，科学给与人以知识而非思想。由于赴身现象的存在，形而上学只能成为一种活动，一种人对自己的存在价值、意义取向的设疑活动。这种活动，离不开心灵、自我、人的纯粹观念。因此，只存在被个人信仰的形而上学，不存在被一切人接受的形而上学。

在历史上，形而上学对赴身现象的无明，使它朝两个根本对立的倾向发展。[4]

A. 关于世界的形而上学：我们的知觉和思维在正确意义上和在本质上并不以主体为目标，而是以主体必须认识以便能在其中活动的外部世界为目的。我们的认识在更大程度上是对世界的认识，而不是对我们自身的认识。只有通过对整体、对世界的认识，我们才能理解人。这在 20 世纪最突出的代表哈特曼看来，哲学体系的出发点应是一般的本体论而不是人类学，是世界、自然整体而不是存在、自我、个体。人仅仅是世界这个更为伟大的链条上的一环。

B. 关于自我的形而上学即从人和灵魂、人的自我出发。奥古斯丁说："勿到外部去，返回你自身，真理驻存于人之中。"一切事物只是构成人存在的背景。它还从认识人的存在开始去认识一切实在，企图从人的心灵中发现宇宙万物的奥秘。不过，这两种倾向都不合理。因为：赴身现象作为形而上学的本性，它表明形而上学应该是相关人的存在、相关人的自我的活动，并且应该始终往来于这种活动中。它不是人认识自然、陈述宇宙规律的方法。即使以自我、心灵为开端，形而上学也必须以此为终结。在此之外，形而上学就丧失存在的能力——只有构造心灵图景无能发现自然秩序的能力。赴身现象，指使形而上学只在能够赴身的地方——在人的心灵中——赴身。这样关于自我的形而上学，虽然切中了正确的出发点，但其目的偏离了动机使形而上学跑过自己的地域沦为一种有家不归的被休状态；关于世界的形而上学，从头至尾就是反形而上的，从根本上无视赴身现象的存在，目标是认识世界的规律而不是构造人的心灵图式，纵然偶尔关注人的存在，但人的存在只是一种过渡，一个前环。这种形而上学不如说是自然哲学。

因此，伟大的形而上学家赴身在彼岸世界中。他们远离尘世，唾弃凡人，生存在自己创作的理想性的思想环境里。他们赋予原初观念以凸现的意义，使自己成为历史遗产的继承者和背叛者。他们凭借特殊的赴身方式，把自己提升到人性的高度，把人的理性能力发展到极致，在那里树碑立传宣告自己的存在。难怪任何一个形而上学家都要声明自己给形而上学带来了光明前景！难怪他们标榜自己是绝对者，是拯救形而上学于历史苦难中的"救世主"！

---

4 M.兰德曼：《哲学人类学》，阎嘉译，贵阳：贵州人民出版社，1988 年，第 59-61 页。

形而上学在人生面前的这种万能功能，不仅是原初观念澄明的产物，而且是原初观念赴身的结果。赴身现象的意味，诞生在形而上学的自我创生活动中——观念创生中的赴身现象和观念构成（思想创生）中的赴身现象。

（2）所谓观念创生中的赴身现象，意指原初观念根据自己的意义契合其他观念的活动

契合犹如爱的体验，其最后的定局需要双方的同心协力，有时也来自于一方的艰辛浇灌。契合方式或者以观念之间的共在性为前提——共存原则，或者以观念之间的反在性为前提——反存原则。共在性：几个观念面对同一意象显现共同特性。反在性：几个观念面对同一意象显现对立特性。任何实存的形而上学，不仅有殊相的原初观念，其赴身方式——共在观念间或者反在观念间的涵义也是个别的。这两种方式，不一定同时出现在同一个形而上学体系中。

在柏拉图的形而上学那里，理式作为原初观念向现实和艺术赴身。承诺全部功用的是共存原则。现实、艺术、理式是人从三个不同层面设定的世界。理式的光芒通过现实、艺术，其间反射有理式的阴影，活动有理式的阴魂。

在黑格尔的形而上学那里，理念由原初观念面向精神赴身。黑格尔把精神区分为客观精神、主观精神、绝对精神，以此当作理念进化的三个阶段。三者既有共在性，其意向性对象是理念、精神；又有反在性：客观精神和主观精神对立促成理念向绝对精神展开，向自身皈依。

（3）观念构成中的赴身现象活动

原初观念在赴身途中同共在性观念或者反在性观念契合后，它们之间还必须被精神性动词（个别形而上学体系中是中介词）联结一体，把观念联贯为思想。因为：孤零零的观念各自飘荡在人的心中，仍然时时面临被虚无地平线淹没、被大脑忘却的危险，它们只有手拉手筑起思想性的城堡，从根本上把自己环绕。

精神性动词是组织者。它将个存的观念组织起来，把个别观念的意义串联为思想。它只献身在人的观念活动中，献身在人赴身于彼岸世界的努力中。只有人才是观念性动词的创作者和使用者。

在理式、现实、艺术之间，柏拉图创作使用"模造"这个精神性动词串通它们的意义。根据理式作为原初观念的本性，理式本身是自我创造的，它创造一切而不被一切创造。因此，现实、艺术只能成为理式的产物存在，只

能成为理式的流射所去。理式的客观性决定它在所去时，首先切中现实，其次是艺术。现实是客观的所以先于艺术被切中。这样，柏拉图为了表明自己内心的沉思提出在理式、现实、艺术间存在模造这种共在性：现实模造理式，艺术模造现实。从此推出这样的思想：a、理式是绝对的原初的创造一切的力量，只有理式和与它相关的东西是真实的；b、在艺术、现实、理式之间，现实更接近理式，比艺术更真实，艺术作为模本的模本是不真实的；c、哲学家生活在理式世界，政治家等生活在现实世界，艺术家生活在艺术世界。艺术、现实禀依理式而存在。因此，在理想国里，哲学家的地位高于其他人。这些基本思想构成柏拉图的形而上学，使柏拉图的人生充实，使他的生命从死亡走向永生。

（4）思想即观念的组合、意义的构成

它是原初观念赴身的产物，是形而上学家沉思的结晶。在思想的起源过程中，最重要的在于给与原初观念以异常的涵义。形而上学家区别于他人，他占有感应原初观念的能力。

3. 原初观念与赴身现象的功能

在精神世界里，凡是存在的都是富于意义的；凡是虚无的都是意义贫困的。原初观念和赴身现象，显现在人的生命理智构造心灵图景的精神活动中，它们对人及形而上学发生效力。

（1）原初观念对人的本质的形上规定

形而上学并不可能全面地阐释人的本质，它对人的本质只进行超验的言说，从超验的层面触及人的本质，指出人的所去。

为什么历史上现成地给出那么多关于人的本质的定义？因为形而上学归根到底只不过是关于人的本质的学说。为什么形而上学能够确定人的超验本质？因为原初观念隐身其中。为什么原初观念最终明证了人的超验本质？因为它的存在是原初的、根源的。

所谓人的本质，无非指称那种区别于人的本能、与本能一起构成人的本性的东西。人的本质即人的应在，人应该向何处去、成长为什么样的理想形象。当社会生活秩序井然的时候，人们清楚在日常行为中应该按照什么样的模型来塑造自己，明白应该以什么样的人为自己的理想化身。此时，追问人的本质这种现象的存在表明有人怀疑运作于现实中的理想人生形象的合理

性，这不意味着人们的普遍向往和共同渴望的动摇。当社会秩序遭受人为破坏，人的命运面临非人的折磨的时候，对人的形象的模糊致使世道沉沦、人生凄凉，人会不自觉地思索人的本质，时代也将自然地创造一个形而上学家来回答人应该是什么。纵观形而上学的兴衰史，总体上说，形而上学繁荣在一个人们对人的应在含混不觉的时代。

那么，形而上学凭什么触及人的本质呢？替身。形而上学体系的原初观念是什么，人的本质便是什么。阅读形上文本的时候，一旦用人的本质兑换原初观念，我们就能立即发现人的本质。"人关于他本身的各种观念成了指引并塑造他的理想。"[5]

在古希腊人的形而上学思想中，原初观念是理性，所以，人被界定为理性的动物。

在斯宾诺莎的《伦理学》中，原初观念是自然（上帝），所以，人的本质是自然。

在康德的批判哲学中，原初观念是理性批判，所以，人的本质即他的理性批判能力。

在黑格尔的精神现象学中，原初观念是精神，所以，人凭借精神优越于其他动物。

……

在卡西尔的符号哲学中，原初观念是符号，所以，他说"人是符号动物"。

一句话，哪里有原初观念，哪里就在潜意识地或显意识地回答人的本质。因为，原初观念是人的本质的替身。原初观念只对人的本质作超验的、形而上的规定。它是一种理想，一种激励人不断生存努力的黄昏时刻的海平线，一种不定和期待。但是，这种期待，又不至于让人绝望、使人根本不相信实现它的可能性。人在奋斗中被其光辉照耀。形而上学家，离开原初观念的所产将是杂乱混沌的。虽然不是每个人都按照人的本质生活，但每个人必然依据自己关于人的观念而生活，尽管这种对人的观念只不过属于对人的本质的浅层自觉。

5　M.兰德曼：《哲学人类学》，阎嘉译，贵阳：贵州人民出版社，1988年，第10页。

（2）赴身现象守护人的本质

通过替身，丰富的原初观念成为人的本质的丰富性的象征。形而上学家对人生现象及社会问题疑惑不解的时候，人的本质正是他炸启这些浓烟迷雾的最重要武器。它摇控一切变幻莫测的人生走向，指使人从何处来到何处去。可是，除去从虚无地平线中带出人的本质、人关于自己的观念这种功能外，替身无能给与它们以意义，不可能规划它们在价值王国中的界域。历史上，关于人的本质的观念是无限的，唯有那些继续被赴身现象守护的定义才被传承下来，发展为人们在观念生活中可资利用的源泉。

正是通过赴身现象对原初观念的守护，人的本质才能活灵灵地作用于人的生活并引导人去生活。正是通过对价值的守护，赴身现象才能守住人的本质，把意义洒落在原初观念的周围、让原初观念沉浸到意义的氛围中。这种意义的凝聚、凸现即原初观念的价值。

价值，指依系自己的活动确定自己的存在这种属性。无价值，指依系外在的实体确定自己的存在这种属性。权力无价值，因为它以控制人的效果为尺度。金钱无价值，因为金钱的价值在于它买取实物的多少。相反，文化是有价值的。作为人的精神活动的文化，是人存在的尺度。它无需在外在实体的助力下就能确证人的价值。

于是，赴身现象，通过宣告一切心灵活动中文化这种精神活动的神圣性来守护人的价值，通过把同人的存在相关联的东西当作富于价值的东西来看守人的本质——文化不以任何外在的目的为目的，因为它本身是人存在的目的。所谓做人，只不过是人文化自身的过程。在词源学上，文化的涵义隐现在人耕耘自己的心灵的行为中。除文化外，那些富于价值之物还内含语言、写作、文本。可以说，文化是人的价值的发祥地，语言是人的价值的中介，写作实践人的价值，文本标明人的价值。

守护是对人的本质的指令。它指令人的本质以意义。这种指令行动，把人的本质向文化、语言、写作、文本引申，宣告最有价值的活动是人向我开掘的精神文化活动；最有价值的中介是语言；最有价值的运作方式是写作；最有价值的流传物是文本。这种宣告，带给文化、语言、写作、文本以神圣性、彼岸性，构成人进入自身的充要条件。

不管怎样，形而上学都在支配一种语言、写作一种文化、生产一种文本。它既是人耕耘自己的一种方式，又为人的一切耕耘作出理性的、超验的承诺。

形而上学依据替身，把人的本质还原为原初观念，凭借赴身现象的守护引导人生。有人说："自然只完成了人的一半，另一半留给人自己去完成。"形而上学完成的，是精神这一半的三分之一——生命理智部分。在这个意义上，守护促使人完备、永恒。

（3）人存在的寓所

如果原初观念是人的本质的替身，如果赴身现象以宣告守护人的本质，那么，随此同在的价值世界，不正是我们存在的寓所么？

如果替身从虚无地平线中凸现出人的本质，如果宣告在人的本质中浸透意义，那么，必然生出一个价值世界。

如果价值确证人的存在，人的本质还原人的存在，那么，原初观念、赴身现象，岂不是在构成人生的支柱么？

受这种思想启发，我们理解苏格拉底为什么至死不悔捍卫真理，明晓康德为何寂寞充实地漫步一生。他们把自己的生命献身于阐释原初观念的事业，这同时是在生起自己存在的根据。奔走在这种生起之途，他们的生命被回转，他们的灵魂被纪念。

（4）怎样阅读形而上学文本

原初观念、赴身现象作为言说形而上学的基本观念，它们既是创作形而上学的方法，又是阅读形上文本的途径。

长久以来，凡人对形而上学家的工作总是不屑一顾，指责他们尽说些大而无用的话语，诅咒他们常常在司空见惯的地方提起令人不可思议的疑问。这些人一般不读形而上学家的作品，更不用说沉思他们的创作方式。因此，对自己陌生的东西，有什么比断言它是无用的这种评判更容易的呢？对自己恐惧不及的人，有什么比声称他不值得往来更自慰的呢？

但是，形上文本的价值绝不因为凡人的愚昧而被损伤，优秀者的存在也不因为劣等者的缺场而丧失意义。唯有踏踏实实追问形而上学家的写作方式或形而上学的内部构造，这才是劣等者的明智的未来。在全超验的形而上学的启明下，我们发现在形而上学体系中存在一种可以称作原初观念和赴身现象的东西。这种东西，既是构成形而上学家的写作，又是引导我们阅读形上文本的方法。

在阅读形上文本的时候，我们必须冲破大量观念的烟云，步步紧逼原初观念的住所。根据原初观念的定义，我们相互还原每个观念的涵义直到它们不能再被还原为止，此时积淀成的观念如果又能引申出其他观念，这即是原初观念。颠倒这个过程，用精神性动词替换引申中出现的动词，将展示出一个思想世界。这是我们理解中的形而上学。

在创作形上文本的时候，形而上学家一般从研习前辈的言说方式开始承用一些观念并进一步赋予它们以自己所体验的意义，从中抽象出一个作为自己的原初观念，以此为基点向心灵赴身、构造属己的形而上学体系。这只不过是创作形而上学最普通的程序。不用说，有的形而上学家的原初观念则源自于对丰富的人生现象的考问，有的形而上学家在问题被延搁的地方直接造就原初观念、然后赴身。总之，不管以什么样的方式同原初观念契合，创作形上文本离不开原初观念和赴身现象。否则，作品是无根无序的。

4. 原初观念与赴身现象的内在关联

（1）原初观念的内涵对赴身现象的潜在预定

原初观念是这样一种观念：它的内涵，是超验地而不是经验地被给与的。它绝对地意向人本身，无条件地植根于形而上学中，超验地给出形而上学被系统地构造的必然性。坚定不一的人生，也依仗于这种观念的促动。

在创作形上文本的时候，原初观念和赴身现象是形而上学的有机部分；原初观念的内涵，潜在地预定赴身现象被择中的可能性。不同原初观念的意向性对象相关联的观念，不可能成为共存原则和反存原则所意向的对象。相反，依据共存原则或反存原则择取的观念，必然和原初观念共用一个意向性对象，或是为了澄明它，或是为了构造它，或是为了从不同侧面影射它。

在原初观念和赴身现象中的精神性动词之间，同样存在潜在的预定关系。在形而上学家未联想到合适的精神性动词前这种关系还不明了。但是，原初观念此时总是隐隐地指使形而上学家去联想，去否决已经被联想过的精神性动词的不恰当性。即是说，原初观念、赴身观念、精神性动词的所指是相同的，怀抱同一目的来到同一个思想的地方。有的精神性动词组成原初观念和赴身观念间的扩散关系，有的是添加关系，有的是补充关系，有的是递进关系。择取其中一种使原初观念和赴身现象意向同一个对象，这便是思想被顺利地创作的过程。假如原初观念和赴身观念的关系发生错位，形而上学家苦恼徘徊，形而上学必然陷于无序。择中什么样的关系联贯原初观念和赴身现象，这仰赖于形而上学家自然的感应能力。

（2）原初观念的本性标明赴身观念作为原初观念的不可能性

原初观念是原初的观念。它流出一切观念而不为一切观念所流出，赴身观念也不例外。因为，赴身观念源自原初观念。全超验的形而上学称此为中止效用——赴身观念无能替置原初观念。一旦企图替置，这种欲望立即会被中止。否则，一切形而上学体系就不可能成长。要是替置的可能性冲破中止变为现实，由于赴身观念无力履行原初观念的原初功能，这致使人的心灵图景模糊含混，形而上学家的思想斑驳矛盾。当一个形而上学体系存在多元的原初观念，这只说明它的不完备性。其中的原初观念或者有进一步被还原的可能性，或者是不同的思想体系的根源，或者是精神性动词不予中介的产物。

在一个形而上学体系内，原初观念占据绝对的权威。它是无限的——没有和原初观念共存或反存的观念。它是自由名词、绝对名词。用词汇学的术语说，原初观念无反义词、无同义词。这些条件是形而上学可能的现实前提。

假如原初观念和赴身观念的关系发生错位，假如这个形而上学体系存在多元的原初观念，那么，它将是混乱无序的。这也意指亚形而上学家在创作形上文本时常有的含混糊涂状况。

就一般的形而上学体系而言，原初观念以自由名词的方式出现。从近代形而上学开始，由于形而上学曾一度越俎代庖地关注过人的生存本身而不注目于人的生存前状态，把原初观念同人的意志、生命相关联，因而，也有过以动词为原初观念的形而上学体系。不过，这只发生在形而上学还没有以全超验性为理想向度的时代。

5. 形而上学存在的准可能相（三种理想的心灵图景）

作为一种精神活动，超验性把形而上学同艺术、宗教区别。形而上学是关于人的生命理智的超验的科学。所以，没有那么多的人择中它为自己走向不朽的路径。在生存中，高雅之士更崇敬艺术，虚空之徒更坚信宗教的承诺。形而上学不能像艺术那样给人以生命情感被流射的快乐，不能像宗教那样在祈祷中解除人生的烦恼苦痛。但是，它给我们超验的力量，把理性、冷静、秩序献身于我们的生存，为我们在混沌无序的世界面前创作一个安全明晰的住所。

把形而上学同非形而上学区别的基本尺度是超验性。在形而上学活动的地方，在人的生命理智向我来来往往的交流地带，人的观念操纵全部机关。

這種觀念，是我們的生命理智本身為了構造心靈圖景被創生的，它對人是絕對的。在形而上學的開啟下，我們斷言：凡是觀念的都是合理的，凡是合理的都是觀念的。這成為我們關於世界的形而上真理。

於是，觀念的組織法則的不同，致使形而上學體系擇中的存在相的差異。

設定原初觀念為 A，共存原則中的共在性觀念為（AB1）（AB2），反存原則中的反在性觀念為（+AC1）（-AC2）。其中，（AB1）（AB2）同 A 有關聯關係，（AB1）與（AB2）有共在性；（+AC1）（-AC1）同 A 有關聯關係，（+AC1）與（-AC1）有反在性。符號 ⎰ ⎱，指稱精神性動詞所中介的或擴散關係、或添加關係，或補充關係、或遞進關係。

那麼，形而上學體系的可能相即：

（1）以原初觀念為基點，以共存原則和反存原則為準則構造的形而上學：

$$A \begin{bmatrix} (+AC1) \\ (-AC1) \end{bmatrix} (AB1) \cdot (AB2) \quad 或者 \quad A \begin{bmatrix} (AB1) \\ (AB2) \end{bmatrix} (+AC1) \cdot (-AC1)$$

（2）以原初觀念為基點，以共存原則為準則構造的形而上學（下左）：

$$A \begin{bmatrix} (AB1) \\ (AB2) \end{bmatrix} \qquad A \begin{bmatrix} (+AC1) \\ (-AC1) \end{bmatrix}$$

（3）以原初觀念為基點，以反存原則為準則構造的形而上學（右上）：

當然，以上三種關於形而上學體系的可能式樣的提出，並非源於對實際的個別的形而上學的歷史總結，而是根據對形而上學自身結構的超驗分析直接得到的。它們意味著一種理想的向度。在歷史上，很難發現與這種向度精確地同構、契合的形而上學體系。但是，個別的形而上學不管同這種理想向度有多麼大的出入，其形而上本質離不開隨身完備的原初觀念和赴身現象。

形而上學要給出和明證人的理想的心靈圖式，因此，其存在的準可能相即人的理想的心靈圖式的準可能相。流芳百世的形而上學家的人生景象縱使千差萬別，但總是同上述三種中的一種互生或多或少的姻緣關係。他們被後世紀念、奉為智者，因為他們同原初觀念、赴身現象交上姻緣。

形而上學創作什麼思想？作為感應性符號語言，原初觀念、赴身觀念降生在形而上學活動中。符號語言是所指與能指的對應，既然原初觀念、赴身觀念在形而上學中代表能指，它們對應一種所指對象。因此，形而上學創作原初觀念、赴身觀念的所指對象。

原初观念、赴身观念出现在人的精神活动中，精神活动又依赖于运作者的运作，这种运作区分各个运作者的地位。因此，形而上学是关联原初观念、赴身观念的运作者在精神现象中的地位的思想。

由原初观念、赴身现象构造的形而上学体系，是关于人生种种现象的价值判断。这种判断的共时性意义，隐身在自己的历时性意义的流动中。初生的形而上学，往往用自己的价值尺度整序历史上流世的人生现象。因此，形而上学为自己开掘历史根源。

三、全超验的形而上学

1. 从哲学到全超验的形而上学

（1）哲学的沉沦与全超验的形而上学的再生

在古希腊时代，哲学是爱智、发现知识、为其他一切科学建立根基的第一科学。哲学家富有智慧，是智者、"理想国"中的统治者、第一等公民。这种关于哲学的形象，一直延续到今天，广泛为常人接受、传播。但是，在对哲学的历史和形而上学本身进行沉思后，笔者认为：以追求知识为目标的哲学结果没有给与人类关于自然的任何知识，以发现真理为使命的哲学最后把人类引向一个含混的概念世界。哲学不能给人类任何知识，因为知识是科学的法力所及；不能给人类关于人生的任何真理（更不用说给人以世界的真理），因为哲学没有接近真理的手段。企图为一切科学建立最本源的根基，哲学这种宏大的志向，终于使自己陷入被一切科学抛弃不顾的境地，或者沦为一种科学哲学。难怪罗素说哲学必须在不断地被驱逐中才能求生。

全超验的形而上学家宣告：哲学只是科学自我意识不完善的附本，是科学缺乏向我反思精神的标志。它本身不能构成一门独立的学科。今天，随着科学的向我反思精神的兴起，哲学的生命越来越枯竭。科学已经对哲学从未解答过的部分问题做出了清晰的说明。并且，将不断解决哲学所包容的全部问题。

所以，哲学从一开始就选择了一条毁灭自己的道路，从一开始就期待一种能够把自己从被抛境地中拯救出来的东西的再生。它渴望自由，因为自己依附在科学身上。它谋求解放使自己分享自足的精神活动。哲学是被科学抛弃又需要形而上学来拯救的东西，正如艺术批评是被艺术不顾又在形而上学的开启下走向先验的东西。

在这个意义上，全超验的形而上学，是哲学自我沉沦的必然归宿，是哲学的全部历史一直在召唤的东西。这种召唤，是对个别形而上学体系的不完全的超验性的彻底扬弃和集中。在这个以科学为信仰的时代，哲学的不幸处境唯有形而上学才能克服，形而上学的可怜命运唯有全超验的形而上学才能改变。

不仅如此，形而上学的原始内涵，依然在遥远的过去预言了全超验的形而上学的降临。历史上的许许多多亚形而上学家，不明形而上学与哲学的差异，往往把两者合一定义为"元物理学"。他们在哲学的庇护下也言及到形而上学的零星实质，生产出大量的准形而上学作品。这些文本所传达的思想，更倾向于哲学而非形而上学。在全超验的形而上学家面前，历史库存的只有哲学家。

形而上学在古希腊语中的涵义指"超物理学"。它超越现存的此岸世界去构造一个不断需要补完的彼岸世界，它超越陈述性的符号语言择取感应性的符号语言，它以创作人生的心灵图景为自己奋斗的理想而不是去发现自然的统一的知识形式。个人把自己的生命牺牲于这种超越活动，于是自己成为形而上学家。

（2）全超验的形而上学是对一切形而上学体系的延搁

它暂时把现存的各种形而上学体系及相关的问题搁置起来，让它们在时间中自然被净化，从而全心致力于本身的建设工作。它通过阐明形而上学的内在结构，向一切形而上学体系开放，贯注其生命的现时活力，依据这种阐明创作最形而上的形而上学。

（3）全超验的形而上学，在终结一切传统形而上学的封闭性努力中把自己发展为开放的体系

它不再以形而上学所设置的问题为中心而是以人的生命理智的全面开展度为中心，不再以有始有终的自然为对象而是以无限的被生成的自我为对象。它向人生、生命、心灵开放而不是向世界、存在、肉体开放。追求真理不再是全超验的形而上学的天职，陈述关于自然的知识形式不再组成它的内在话题。它宁愿宣称自己是人的一种精神活动而不是可以实用的严格意义上的科学。这种开放的态度，要求人生不断思想，更促动形而上学家永久创作。即使他谢世长辞，其文本的开放性却带给读者以深刻的启迪。凭借这些，全超验的形而上学，客观上优秀于现存的一切形而上学体系，主观上又期待共

存的形而上学的新生。它不作结论只作引导，只向人们表述生命理智所呈现的东西。

（4）这样，因其意向性对象从现存向待定的转移，全超验的形而上学放弃那些对形而上学无意义的实证性概念

首先是构成科学根基的这个概念本身，其次是自然、肉体、宇宙、辩证法、世俗世界、陈述、发现、生理、心理等，把这些侈奢的概念还归科学本身。同时，在自己的旅途中生起观念本身、心灵、自我、意向性、存在、生存、契合、感应、彼岸世界、精神、构造等这些通往形而上的观念。只是，全超验的形而上学事业才刚刚起步，其开端处不可避免会出现上述需要放弃的概念。过去的岁月里，由于未择中自己常用的专门术语或对其意义的不确定认识，这造成形而上学越来越销声匿迹、遭受文化人的拒绝。全超验的形而上学对科学性概念的放弃，使它能够永远地消除来自科学主义、自然主义、物理主义、心理主义的批评。这种批评本身与它风马牛不相及。

（5）全超验的形而上学，是对传统形而上学的对立可能性的中止

这些对立，表现在客观主义与主观主义、绝对主义与相对主义、心理主义与自然主义、观念论与物质论、理性主义与经验主义之间。现象学尽管也声称过对这些对立的再解决，但它实际上是对它们的放弃。因为，现象学在使命上是非全超验性的，还要为一切事实科学提出第一哲学的承诺。

全超验的形而上学，是人的生命理智向我活动的产物。这是纯粹超验的构造活动，其结果既同人的生存相关又作为自在的第三世界。这种形而上学既是主观主义的，又是客观主义的。全超验的形而上学如果被理解为彼岸世界的文化样式，那么，面向心灵开放相对人的自我而存在，这使它带有绝对主义的内容。它绝对地相对人生展开思想。心理主义与自然主义用科学的概念、原理、方法评断形而上学，根本没有触及其内核。说到观念论与唯物论，当然，全超验的形而上学毫不含糊地承认自己正是观念论的造化，是各种观念论的最充分的原型。形而上学的运作主体由人的生命理智主持，科学在发现自然图景时同样受人的生命理智的指使。这样，全超验的形而上学，意味着理性主义的一半。不过，一旦从哲学化倾向的角度解释理性主义与经验主义，它们在本质上乃哲学的变式、非形而上学。看来，以上种种主义不可能成为规划形而上学种类的法典，更不可能构成区别形而上学与非形而上学的尺度。

（6）全超验的形而上学，自觉到自己拥有整序观念史的功能

作为一种历史观，它把形而上学的历史看成人类追求心灵自由、变更原初观念的历史。一个新生的原初观念的问世或普遍传播，将迅速地拔高人类的思想境界，让人类在混沌模糊的日常生活中发现自己应在的形象。在 20 世纪末，应在的人生形象消失了。向往沉沦堕落的生活，憧憬金钱权势的忙碌，把我们身上残存的人的本质——自由剥削已尽。不自由反而成为人共同关注思念的本质，基于这种状况，全超验的形而上学把我们从片面的人生引向全面的人生，并向全人类发出警告：当代人必须以全人为理想，正如类人猿必须以人为理想一样。于是，全超验的形而上学从一种历史观演化为一种人生观。

2. 形而上学对人的实存本质的原初追问

哲学要解放，只有回到形而上学；形而上学要生存，只有回归全超验的形而上学。全超验性，不再是为了给科学设定哲学的根基而预设的观念，也不是为了拯救哲学而被确定的中介观念。作为形而上学的理想向度，它内涵全部形而上学努力的内在目的，更源自对人生的彼岸化事业的体验。

（1）为什么全超验的形而上学以自由为原初观念？为什么全超验的形而上学择中自由这个原初观念替代人的本质？

生物人类学表明：同动物相比，人是非特定化的存在物。他的生理机能，需要相当漫长的抚育才能完备。他的内在器官，可以全面地感觉认识一切事物。他的生存环境不是特定的，因而，他是唯一能够在地球上任何地方得到繁衍的动物。动物主体的特定化与世界客体的特定化，使动物只知道与自己相关的那部分世界。每种动物总体上只有和它的生活需求相称的知识；世界既定地、破碎地展现在它们面前，而在人面前却展开它本身的、全面的图式。动物的行为也要依靠本能的指引，这影响它先验地图解世界。动物依附自己的感觉器官过滤外在世界，把那些同自己的生存相关的东西劫留。所以，任何来自外界的刺激对动物只是一个无意义的信号。

然而，人的精神尤其是非特定化的，从零度的虚无地平线上开始生长。人按照自己独立的反思决断他的行为，自己应如何生活在世界上并运用这个世界。人的认识把世界转译成符号，寻味其中丰富的、充实的、全面的意义。个人赋予这些符号以不同的意义。他不仅认识与自己的生命、本能、需要相

关的东西，而且认识与自己根本无关的、远离自己的东西，为了认识本身而认识，或者为了明晰世界本身的图式而认识。因此，世界对人是中性的、全面的。人进入一个新奇的活动场所并非首先考虑其效用价值。他认识一切、感觉一切。这种在天性上的不足，这种全超验地追求真理的精神，把人造就为自由的存在物。他自由地创构文化、语言、写作、文本，承传代代总结的生活经验，为自己给出关于世界的全面图景。

人的精神的非特定化、人的应在形象的待定性，还表现在他的感受方式上，表现在他对待自身的态度上。众所周知，人的感受对象、方式、内容全是不确定的。他必须通过自己的精神活动构造属己的存在世界，必须在把不可能性发展为现实、把可能性发展为现实的努力中带出自己的彼岸世界。

"人，实际上只有人，才有不同于一切别的动物的结构。与人相比，动物作为特定化了的本能的造物，都是相似的，而人却靠一种新的能力生活。"[6]

由于许多动物不习惯于在新的条件下生活，它们仍然尽力维持旧习、不愿抛弃这些东西，所以在局部地区或者在全球范围内，这些动物的整个物种灭绝了。然而，当人的生理器官残废受伤时，他就改变外在的实存环境以适应自己的生存。当优越的外在环境消失时，他就革新自己本身的世界回避灾变的冲击。人的这种非特定化的先天不足，使他成长为后天最卓越的动物。[7]

关于动物的存在处境的特定化，美国人类学家怀特转述苛勒的《类人猿的智力》的研究成果："类人猿生活在一个狭小的世界中，在空间上限于它的感觉的范围之内，在时间上则局限于眼前，也许间或会产生一种预感的萌芽和意念的闪烁。因此，类人猿的工具——经验是一系列互不相关的事件。"[8]类人猿的精神生活的功能，在于面对具体的事件使用工具，因而没有可变更的历史被继承。每个类人猿必须从头开始自己的生活。即使一次意外的出击，也不过是其本能的最大限度的延伸。

说动物没有历史，是因为动物没有语言，没有符号、文字把其生活经验记录下来的写作实践；说动物没有语言是因为动物只有言语，它的每次努力只是对物种本能的重复，它的每句言说只是为了当下的在而离开。这种言说

---

6 M. 兰德曼:《哲学人类学》，阎嘉译，贵阳：贵州人民出版社，1988 年，第 200 页。

7 同上，第 11 章。

8 L.A.怀特:《文化的科学》，沈原、黄克克、黄玲伊译，济南：山东人民出版社，1988 年，第 46 页。

总限于个别的处境。关于这一点，马克思在《1844 年经济学哲学手搞》中写道："通过实践创造对象世界，即改造无机界，证明了人是有意识的类存在物，也就是这样一种存在物，它把类看作自己的本质，或者说把自身看作类存在物。诚然，动物也生产。它也为自己营造巢穴或住所，如蜜蜂、海狸、蚂蚁等。但是，动物只生产自己或它的幼仔所直接需要的东西；动物的生产是片面的，而人的生产是全面的；动物只是在直接的肉体需要的支配下生产，而人甚至不受肉体需要的支配也进行生产，并且只有不受这种需要的支配时才进行真正的生产；动物只生产自身，而人再生产整个自然界；动物的产品直接同它的肉体相联系，而人则自由地对待自己的产品。动物只是按照它所属的那个种的尺度和需要来建造，而人却懂得按照任何一个种的尺度来进行生产，并且懂得怎样处处都把内在的尺度运用到对象上去；因此，人也按照美的规律来建造。"[9]动物的生产活动本身、它的生产产品、它的需要、它遵循的尺度、它的意识对象是特定化的。人之所以为人，因为人是自由的存在——他自由地按照一切物种的尺度生产一切东西。

原初观念必须给与一切观念以涵义，具有设定其自身存在的功能。尽管理性、理念、精神、单子、自然曾经是个别形而上学的原初观念，但在根源上它们还设定不出自己本身的意义，无能为自身的实存提出合理的辩护。当传统的形而上学家用这些观念说明自由这个观念时，这些观念被阻止在外。因为，这种说明活动本身以自由为前提。自由远距离地支配着这些观念的意义走向。假如丧失自由精神的介入，人的一切阐释活动必然是不可能的。看来，唯有自由能够确定自己的涵义。何况，形而上学本身的实存，是人的自由精神外化的一种样式。

因此，人的非特定性，自由的内在品格要求全超验的形而上学绕开其他亚原初观念、直接择中"自由"这个原初观念。自由在定义人的本质时只向各种共在的、潜在的定义开放，它不把人的本质作绝对唯一的描述。自由让无穷的压力随身奔赴个人，使其展开自我独立的本质。如果历史启示我们人的本质是不确定的，那么，不确定性的根源——自由，正是人的本质。

（2）自由的实存

形而上学在人的生命理智的向我进入中生成自由——自由不是什么。因

---

9 马克思：《1844 年经济学哲学手搞》，北京：人民出版社，1985 年，第 53-54 页。

为，它不是一件现存的东西。其涵义始终待定、不断被充实被抛弃。对人类而言，自由是人的全部应在的原型；对个人而言，自由是其所有天赋被实现的原动力。它创作语言、彼岸的自我、对象化的心灵图景。

自由就是人自己才能够设定自己在文本中的位置，给出自己在历史中的价值取向，并在这种设定中走向自由。它反叛一切现成的施与，同人的精神的运作活动相关联。自由作为一种不确定性，指人在历史中的价值和在文本中的地位的不确定性。人自身的生存努力、运作行为，把其有限的人生引渡到无限的历史实存流中，把自己的生命对象化到文本的自在世界中。个人是其文本地位、历史价值的唯一断言者、解说者。纵然个人死去，其精神则在文本被阅读中不朽。

自由是一种未完成的指向——自然给与人物质的肉体的这一半，自由给与人精神的灵魂的这一半。人的应在形象需要人自己来完成，把自己的生命姿态指使在文本中、使自身文化化。人最终是什么，这不取决于他的五官是否端正、他所在的文化传统是否繁荣，而取决于他本身的文化行为。于是，自由带出一个世界，一个把人生观念化、秩序化的世界。

面对不自由的人，我们沉默；面对自由的人，我们放歌。唯有自由是无限的，每种关于自由的定义只是对其一面的阐释，每个人关于自由的言说只是自由关于自身的无限言说中的一句。自由究竟是什么，让你自己体验吧！

（3）所为中的自由

自由因为什么而为？因为自身而为。自由为了什么而为？为了自身而为。

自由通过自身走向自身，它不给与具体的存在者，它把存在本身的可能性馈赠我们。"无"是自由的语言：无限制、无规律、无风格。人心是一张白纸，所以，我们自由地写作我们想写的文字。

自由在形而上学中的所为，使形而上学不再自足于绝对封闭的幻象，向无限的人生、人生的无限问题开放。

自由在个体生命中的所为，使个体生命向未来的自我开放、向彼岸世界的良心开放，倾听心灵的呼声，内观自己的精神律动，感应人生怎样越过虚无地平线、在历史性文本中永存。自由明证个体实存是绝对的、无限的。这指向自身进入的无限可能性。人应该并能够创作自己的人生，这才是绝对的。

自由是这样一种精神——每个人向我开展的精神，人类向全人逼近的精神。

3. 自由的价值向度：本源论、存在论、构造论的自由

自由因为自身而自由，它自己是自己的本源。自由为了自身而自由，它自己是自己的存在。这种本源向存在的隐身，这种本源与存在之间的往来生成自由的结构。这种结构，作为话语环绕本源与存在。于是，全超验的形而上学，按照自由固有的尺度从本源论、存在论、构造论的角度展示自由。

（1）本源论的自由植根于自由本身的因然性——它自己对自己的明证性，植根于人的本质——人的自我从虚无地平线上生长的过程

自由如何明证自身，人的自我就如何塑构自身。自由超验地关联着人的本质、人的精神、人的自我。

本源论的自由是一切现象存在的原始前提，因为它是一切现象存在的本源。自由给与它们的存在以合理性。由于自由同人的自我的超验姻缘，由于人的自我是人的思、爱、为的活动，所以，本源论的自由细化为我思的自由、我爱的自由、我为的自由。[10]

我思的自由是绝对的、无限的——我思的对象、方式、图景的绝对性、无限性。我把思的活动触及任何一个地方包括思本身。对思，不存在不被思的对象。要是我思的能力被其对象消解，这必然致使这个对象僵化。我思的方式也是无限的，我不仅能选择任何思对象的方式，而且有权拒绝远离对象的任何方式。我思的对象，我思的方式的绝对性，决定我思的图景的绝对性。这种绝对性，表现在科学给出的自然图景绝对是属于人类的，表现在形而上学给出的心灵图景绝对是属于个体生命的。

我思的绝对性还在于我思的不可怀疑性。只要人活着，我就在思，我就在通过我、为了我而思。即使怀疑我思的存在，这种怀疑也是我思的变式。基于这点，笛卡尔说"我思故我在"，我的本质的存在源于我思的自由。我作为理性的人，我思才是我在的明证。

我思是人给对象设定秩序的能力。不管我思驶向哪里，也不管我思以什么为运作媒介，我思就是要带出一个在观念上有序的世界。由于我思，人被隔断为本能与本质。由于我思，人类从类人猿中来、向全人的理想去。由于我思，自然图景终究要被统一为统一场理论，人的精神结构被抽象。

---

10 这是笔者关于人的存在的主体化本源的思想雏形。

我思的法则是合理与不合理的法则。在思的世界，没有什么正误之思，只有更加合理与不合理的思。所谓合理，当然指思想与知识的秩序化程度，指符合自然和自我之理的强度。

我爱的自由是我爱的对象、方式、偶像的自由。我爱的对象是无限的，我可以爱任何一个人、一种物象、一片风景。我能够唤醒自己对任何对象的爱，向它们转移我内心的情感。至于我以什么样的方式去爱，这完全属于我个人的自由。书信、红叶，我将随性而用。我爱为了什么，我爱期待什么，这也是无限的，从来不存在一种客观的外在的被给定的爱的结果。纵然法律也不能规定爱必然意味着结婚、生儿育女。

我爱的自由还表明我不爱的自由。假如所爱的对象阻止我的生命力的展开，假如所爱的方式不高扬而抑制个性，假如所爱的结果不是生存的升华而是它的堕落，那么，我决定不爱。这并不说明我不道德，相反，只有这种不爱才道德，只有这种远弃才富于价值。当然，人必须为这种不爱的后果承担责任，正如他必须为爱承担责任或义务一样。

我爱把我与对象融合一体，把我引向回归——向自然、他人、自我回归。它消除时空的限制，融汇境界的高低。我置身于爱的洪流中，所以我看不清是非好坏。我作为人的本质占有人的本能，我作为人的本能渗透在人的本质中。因为我爱对象，所以不管对象怎样欺骗我，我依然认为他在爱我。

我爱的绝对性，即我爱的不可怀疑性。除非我离开这个世界，我才能断送对对象的感情。我爱我自己，于是我爱他人。我爱形成人的精神动力——人的原始生命力、人的个体存在力、人的我体生存力。

我爱的法则是喜欢与不喜欢的法则。在我爱对象的时候，不要问我为什么爱对象，更不能问我爱对象的哪一方面。我爱对象，因为我喜欢对象；我抛弃对象，因为我不喜欢对象。

关于我为的自由，这不是说我向外可以为所欲为，而是说我向内能够为其所为。我为的自由指我以文化铸造自我、运作语言、构成文本的自由。我掌握我在历史性文本中的地位，我把持我在文字符号世界中的形象。究竟，我为自己设计什么样的墓碑、以什么样的方式设计、又会遭遇什么样的结果，这完完全全是我自己的事情。因此，只有我对自己的生命行为负责。任何好心的操劳在动机上尽管真诚，但在结果上往往不道德。这样做，常常是在残蚀我的生命、剥夺我的自由。

我为作为生命的一种指使功能，它是我思、我爱的潜在支柱，它把生命从有限引向无限。我为是人的精神超越的基础。在它的激励下，我越过虚无地平线，撕毁死亡的暂时判决书，把我的生命托付给历史性的文本。在那里，我的精神被阅读寄生于不朽。

我为的自由是我因为自己、我为了自己的自由，是我择中语言步入文本世界的自由。在自然面前，我们合理而为；在他人面前，我们人道而为；只有在我自己面前，我才能绝对地、自由地为其所为。这被超验地预设。

我为的尺度是愿意与不愿意。我为同我的生命意志相关。没有什么是我应该而为的，只有我是否想为的活动。

本源论的自由向我们开启真理：人的任何文化活动的价值，依据于这种活动因其自身与为了自身的一贯性。仅仅因为自我，仅仅为了自我，我们献身于文化活动。

（2）存在论的自由以自由的目的性为前提

自由为了自身而自由，为了自身而存在。存在同自由关联，自我同自由关联，这被超验地预设。存在是自由开展的实存样式，是开展后的自由；自我是自由开展的动力，是开展前的自由。

虚无地平线向个人弥漫开去，它是文化传统的自在流走，一种不随个人有机体的自在流走。这不可能被截断、被阻止。但是，可能被疏引。这种疏引的力量，源自个体的实存样式，源自个体向人类进入的实存样式。个体如何在虚无地平线上确证自己，他就如何塑造自己的实存样式。个体如何从虚无走向存在，他就如何创造自己作为人类一员的本质——人性。

在个人冲出虚无地平线的途中，形而上学究竟扮演怎样的角色？形而上学，是人超越虚无地平线走向存在的一种中介，是人从有限的人生向无限的人生引渡的方舟。它使人超越个体归回人类。这种引渡功能对象化在人类的一切文化样式——科学、艺术、伦理学、宗教、美学中。不过，形而上学为个体生命创作符号文本而不是象征文本、观念性文本而不是概念性文本。形而上学把个体生命替代为观念性符号文本，个体生命自由的实存样式被观念的网络联结一体，被明晰的思想串通一气。没有观念就不可能有形而上学，没有思想也不可能有形而上学。没有特殊的实存样式——观念性文本，人类就丧失了一种进入历史、把有限的人生引渡到无限的历史长河中的途径。正是虚无地平线给与个体以实存的空间，正是形而上学给与这种实存空间以有序的图景。

　　存在论的自由为人生敞现出三种可能的实存样式，或以前在为本根的实存，或以现在为本根的实存，或以应在为本根的实存。任何个体生命的实存，就是同这三种样式不断对应的过程。有人一生择中一种，有人一生在几种之间替换，有人在青年以这种为实存样式，在老年以另一种为实存样式。不管怎样，个体总是努力使自己同实存样式相对应。

　　在一般意义上，常人的一生从应在开始、在前在终结。他的生命向我成长，他发出世界应该怎样的呼声，渴望打破这个世界的现存秩序。他情致高昂、理智贫困，于是到处碰壁，到处同他的这种应在愿望作对。他着手怀疑，或随大流见风驶舵，或寓墙角苟且偷生。时逝星移，他感叹自己的命运不可改变，早为一种前在的力量所注定。他相信命运向青年人警告："世界并不是你们所想的样子，我年青时也跟你们一样充满幻想。"在此，前在、应在、现在之间无联贯性，一切遵从自然的生老病死的法则。这种常人的生存，不是不可替代的独立的实存样式，无所谓意义。

　　以应在为本根的实存，始终对这个世界的现存秩序及历史的过去序列抱有不满的情绪，它以片段的方式闪烁在每个人的青年时期中。但是，作为一种实存样式，它永远保持应在的人生形象。不仅在青年时期，甚至在老年时期，以这种应在为本根的实存也要对世界发出应该怎样的呼唤。这种人远离现实，为未来的理想而工作。他以批判的态度对待现在、前在。他仿佛把自己的生命寄托在未来的冥冥世界中，他的现在就是人类的未来，他预言明天。对历史，他是一个十足的虚无主义者。他按照自己设计的理想图景，整序过去、指导自己当下的生活。这些人被称为浪漫主义者，其特点集中在艺术家身上。

　　以前在为本根的实存，把自己当下的实存托付给那些过去的东西，把前人的人生当作自己的人生，把死去的东西当作富于生命的东西。在前在的吸引下，实存者用停滞的目光对待当下与未来。他说："不管怎样，世界只不过是在重复过去。"于是，他拖延自己的追求，他坚信命运又笃定正是这种力量主宰着自己时下的努力和面向未来的冲动。他敌视青年人、仇恨革命者。这种前在的实存，以片段的方式被多数人在晚年所体验。复古主义者为其典型的代表。在文化学的意义上，国粹论是其代表。复古主义者的现在意味着人类的过去，人类从他们身上看到了自己必然被替代的厄运。

　　在应在的人生形象中，个体生命把自己的现在兑换成未来。而未来毕竟不是现在，于是，个体生命往往在悲剧中谢世；在前在的人生形象中，个体生命把自己的现在兑换成过去，他颂扬过去感叹人心不古，一生充满呆滞的目光。这种人生形象，由于更多地被同时代的老人所接受，成为一个民族落后的象征。

伟大的人物，既不以前在为自己的人生形象，也不以应在为自己的人生形象。他们承前启后、继往开来，把自己的生命体验立足于现在。他珍惜现在，因而更愿意批判前在的世界、憧憬应在的世界。他埋头致力于一点一滴的工作。他坚信这个世界在他死去的时候绝不是他生时的样子，也不会是时下的青年所呼唤的样子。他根据现在预言明天，服从现在重整过去。对他的生命体验而言，人类的历史不过是现在的逆向延伸，人类的未来包含在他的现在的信息中。他背负历史、开拓历史。

以现在为本根的实存样式由于把握着生命绵延的每一瞬间，这使实存者能够真正地占有过去、开启未来而不虚设未来、梦游过去。这种实存者，反对对过去的虚无主义召唤，抗议对未来的幻想主义设计。他是一个现实主义者，一个永恒的青年，一个浪迹世界的人，他紧紧地跟随未来吮吸过去的乳汁。过去复活在他的足下，未来在他的足下生辉。在任何一个时代，择中这种实存样式的人寥若晨星，因为大多数人不自觉地按照常人的生活方式而生活—— 一种没有联贯性的世俗生活，而少数人或幻想终生，或未老先衰。

全超验的形而上学，不再把时间性理解为从过去经由现在达到未来，或由未来经过现在达到过去的生命绵延。这两种关于时间性的思想，把人的实存——现在的每一瞬间——当作手段而不是目的本身，把人的实存不是当作自由而是当作不自由。全超验的形而上学展示的时间性：现在向过去或未来的渗透。现在的实存，此时此地的实存，人的本性的实存，这就是生命本身。抓住它们，这就是我们迎取时间进入历史的唯一策略。现在的实存即生存，这根源于我们对生命的超验的预设。[11]所谓生存，这即把不可能性发展为现实、把可能性发展为现实的努力。这种努力的完成，必须借助于对符号的写作、对文本的创生，借助于人对自己的心灵的耕耘、文化的开掘。正是在文化这种精神活动里，正是在写作符号创生文本的实践里，个人有限的实存向无限的实存隐身，把死亡颠倒为不朽的生存。因为，有限的生命已经被转移为与人类同在的文本。

---

11 这或许是笔者后来追溯现在的在上性的根源。

全超验的形而上学，只展开存在论的自由、指明各种实存样式的利弊。它从不倡导一种实存样式。存在论的自由，最充分地对象化在以现在为本根的实存样式中。它明证这样的人生形象：以现在为本根向前在与应在绵延的人生形象。

（3）构造论的自由，往来于本源论的自由与存在论的自由之间

它是一种话语力量，同两者发生必然关联。换言之，本源论和存在论的自由，蕴含自由本身的结构。这种结构共同环绕它们。

自由是因为自己而在的自由，因而是自在的自由或者自由的自在性（being-in-itself）。自由依据自身而在，通过自身而在，在自身的引导下来到这个世界。它自己是自己存在的合理根据。这种因自己而在的力量同存在论的自由关联，是存在论的自由的潜在显现。自由的自在性，无非是自己时时刻刻在场，是自由作为一种话语在场。守护自己的存在，绵延自己的时间性，把现在渗透到前在或者应在中，带随现在的世界巡回于过去与未来中，这是自由的自在性对存在论的自由的功能，也是自由对自身的功能。

自由的自在性，提出以现在为本根的实存样式的重要性——现在，永远凭借现在的呼唤，人才能传承历史，历史才能在人的当下中展现为累积的、连续的、进步的过程。当人身怀现在的处境、心态阅读文本，历史的过去性被复活了；当人写作它们的时候，历史的未来性或未来的历史被开拓了。纵然人以前在为本根展开自己的实存，这只不过在淡漠远离自由的自在性。它把自由的自在性冷冻在过去中，把自己替换成远离自在的、依他而在的自由，把自由当作不自由，把人当作非人。感伤性是其后果。关于以应在为本根的实存样式，这仅仅是自由的自在性的提前，将实存者目前意向的对象理想化。这种理想化远离了现在这个牢固的根基，所以充满悲剧性。

在存在论的自由里，我们同自由的自在性遭遇；在本源论的自由里，我们同自由的自为性逢合。自在性、自为性在此被凸现为自由的结构，是构造论的自由。

自由是为了自己而为，因而是自为的自由或者自由的自为性（being-for-itself）。自由为了自身而为，以自身为目的。自由的自为性，即自由的目的性。这使自由始终同自我发生姻缘。如果自由不是我的自由，那么，自由就没有主体，因而为了自身的自由，自由所从事的行动，不是为了别的，只是为了人的自我。于是，本源论的自由，由自由本身给与推演根据。我思、我爱、我为是自由同自我关联的化身，是自由的自为性随身的必然现象。

自由的自为性，自由作为我的活动，是我无限地活动的根源。自由的自为性，使自我同为相关，因而，我思即思其所思，我爱即爱其所爱，我为即为其所为。这个所思、所爱、所为正是为了自我之思、自我之爱、自我之为，是为自我构造思想、爱心、动力的活动。这些活动积淀为一种历史性文本构成人的自我，人之所以为他自己的全部理由。自由的自为性，要求人在本源上守住自身，把自我的构造当作自己实践的目的。

构造论的自由植根于存在论与本源论中。它关联两者，向我们表明所谓本源论的自由，所谓存在论的自由只是自由所开展的不同侧面——自由的自在性最充分地隐身在存在论的自由中，自由的自为性最典型地影射在本源论的自由中。而构造论的自由，也仅仅是一种自由向自身言说，向自身澄明的称谓。它是往来于我与在的话语，把人的实存同人的所为关联一体的话语。

自在性源于自由本身的因然性，自为性源于自由本身的目的性。在因然性与目的性外，不存在独立的自在性与自为性。自在性、自为性是自由内在的性质，因而它们成为自由的实存者必须依从的法律。不为自己而在，这是对自由的反动；不为自己而为，这是对自我的反动。这种反动使人的自由异化。显然，在异化的情况下，自在性、自为性远离了自由的尺度。

（4）构造论的自由包含自由的内在因素：自在性与自为性

自在性是存在论的自由被展开的条件，自为性是本源论的自由被展开的根据。自在性导源于自由的因然性，为人选择实存样式提出尺度。自为性导源于自由的目的性，为人的活动给与意向对象。人凭借自在性，使自己的实存永远守护在自己身边。人仰仗自为性，使自己的活动向自身的心灵而去。

按照全超验的形而上学导出的原则，自在与自为是共在的，它们共同面对同一个世界、因由同一个世界、为了同一个世界。这种自在与自为的共在性，这种自由的因然性与目的性的相互依靠，产出人的理想——实现自由。这是自由关于人的本质的言说的必然结果。人的理想，人对自由的实现，一方面要求人追寻自身的实存样式，一方面是对自我的构成。这意味着在以现在为本根的实存样式中完成我思、我爱、我为的活动，意味着存在论的自由与本源论的自由的互渗。

自由成为人生存的理想，如果这取决于自在与自为的共在性，那么，实现这种理想的动力则受制于自在与自为的反在性。自在与自为的反在性，人的因然性与目的性的相互背离，给人以源源不断的生存动力。人置身于所来与所去的不统一的困境中，企图努力超越这种困境。在这个意义上，自在与自为的背离使人痛苦，痛苦使人向理想进击。

由于自在与自为的反在性，人常常向我追问："究竟，我因由什么、我为了什么？"对这种追问的沉思，形而上学导出其根源，构成人作为人的理想——这就是使自在与自为共在的理想。这就是统一人的因然性与目的性的理想。这就是以自由为人生的理想。没有对自在与自为的意识，人就不会向往自由。没有对自在与自为的共在性的意识，人生就没有理想。没有对自在与自为的反在性的意识，人生就没有痛苦，没有存在的动力。自由，只因为自由，人才使自己成为人。

（5）在通往不朽的途中，人面临两种可能性：世俗化的可能性与人类学的可能性

前者实现在肉体的传宗接代中，这种不朽使个体生命与他人共在；后者完成在人的精神的对象化努力中，这种不朽使个体生命与人类共在。自由作为人通过自己为了自己的精神活动，它是人走向永恒的不朽的唯一的途径。人类学为这种途径创造了场所。所谓自由在场，这意指人置身于人类学的场所、献身于人类学的场所。

人类学是这样一个场所：人文化自身的场所，人构造自己的心灵、自己的实存语言的场所，人创作自己的文本世界的场所。在虚无地平线上塑构自己的精神墓碑的时候，人隐居于文化自身的场所中。把自己内心的言语固化为外在的、客观的、自足的话语的时候，人奔赴于语言的场所中。这种固化的过程，是人构成自己的文本世界的活动。当然，个别形而上学体系只是人类学的一部分。全超验的形而上学，由于以自由为原初观念，从存在论、本源论、构造论的维面导出自由，它同人类学相呼应。唯有在人类学那里，人找到了自己因为什么和为了什么而存在的场所。

（6）全超验的形而上学所展开的人生图景：以自由为原初观念、以自在、自为为赴身观念的人生图景

自在性源于自由的因然性，自为性源于自由的目的性。它们是构造自由的因素。由于自为性，人在本源论的意义上被阐释：人是我思、我爱、我为三

相一体的存在；由于自在性，人在存在论的意义上被阐释：人是可能以现在、应在、前在为本根的实存样式的存在。本源论的自由与存在论的自由，仅仅是自由的不同取向，于是，人是自由的存在者，因为他因为自身、为了自身而存在。

4. 自由被流放的背景

在人性的意义上，自由因然于自己向自己所去，自由的因然性与目的性是一贯的。本源论的自由与存在论的自由，同构造论的自由关联。但是，人类对自身历史有限性的不自觉，人生对个体生命的有限性的不自觉，学科无边缘意识，形上之人以片面性为生存理想，这些现象表明：自由还存在被流放的可能性，个体生命常常受到被逆转的劫运。

（1）反存原则与反存现象：反存原则出现在一般的形而上学体系中，是原初观念向观念赴身的一个法式

它按照观念的意向性意义的对立和原初观念共构心灵图景。全超验的形而上学在对自由的构造论分析中，最理想化地实践了这个原则。

反存现象指流放自由的背景。在这种背景中，自由可能倒转为不自由、使个体生命远离不朽的任何形式。它阻止个体生命的全面发展，拖延人类向全文化时代逼近的进程，使人类文化——各种学科处于交战状态从而丧失对自身边缘的自觉。[12]在这种背景的潜在统治下，人生的有限性、人类历史的有限性——虚无地平线从人的世界中被降落了，人的本能性与本质性不再成为人性的部分。

（2）通向不朽的两种形式及其关系：在每个人的足下横亘着两种生存的路：一种路通向彼岸、天国，一种路通向此岸、地狱

天国指引人走完此岸的路，地狱引导人企及彼岸的世界。在每个人的生命面前，两种通向不朽的形式在伸展，人类学的不朽与世俗化的不朽。所谓不朽，指个体生命同人共在。所谓人类学的不朽，关涉个人与历史的关系，指个体生命同人类共在。个人作为一种历史性的存在者，其生命作为个体将在历史中得以延续；所谓世俗化的不朽，关涉个人与他人的关系，指个体生

---

12 2007年后，在人类史的意义上，笔者把人类的历史进程分为权力政治时代、资本经济时代、精神文化时代。

命同个人共在。个人作为一种社会性的存在者，其生命作为个体的结束就在历史中结束了。[13]

在人类学的不朽中，个体生命的时间性被人类无限地延展，有的甚至等同于人类的历史性。人类学以把捉人的心灵为对象，以语言本身为自己的语言，以写作为自己的运作方式，以文本为自己的归宿。个体生命的心灵经过写作把私人性的言语转移到文本中，文本成为个体生命存在的根据及生存的轨迹。凭借查阅文本，人类就明白先行的同胞如何反抗命运、反抗死亡的历史，获得追求更富有价值的人生启迪。文本使个体生命不朽，使个体生命同人类共在，这在于文本始终要被阅读，在于文本在被他人阅读中能够复活创作者的生命。在最本质的意义上，人类的历史正是文本的历史。即使人类历史的有限性被完成，人类留给世界的只是文本，甚至可能只是那些明证人类苦难历程的废墟。文本是人类的纪念碑，就像广岛的核弹爆炸遗址一样。

在世俗化的不朽中，个体生命在正常情况下的时间性中潜在地同人类的历史性发生姻缘。说这种姻缘是潜在的，因为它是自然的，是任何人被注定的、无需争取的选择。世俗化的不朽没有文本，它使个体生命有边界地同个人共在而不可能让个体生命同人类共在。但是，世俗化的不朽，通过对生命的延续给与人类一座活生生的纪念碑。只要人类处于自然性状态，用自己的肉体生产实物，使自己的肉体不被断裂，世俗化的不朽就可能。世俗化的不朽，一方面是人的自我保存，一方面是人的自我延续。在这种人作为肉体生命的保存与延续的奋斗中，它为人类创造生命。人类学的不朽则把这个生命教化为人。

心灵、语言、写作、文本，是人类学不朽这种形式的内在活力。肉体、言语、书写、实物，是世俗化不朽这种形式的内在动因。实物养育我们的肉体，书写使我们为实物而交往，言语使这种交往成为现实。我们乘坐世俗化的不朽这船抵达人类学的彼岸；我们在人类学不朽的光芒的召唤下，踏归世俗化之途。所以，在人的本性上，两种不朽的形式不是对立的，世俗化的不朽为

---

13 在基督徒看来，只有在人神关系中、在个人与耶稣基督的上帝之间的关系中才有真正的不朽，因为上帝才是那永恒本身。任何人类学的不朽、世俗化的不朽在终极的意义上都离不开永恒存在者的存在，否则一切最终都是虚无，甚至认定这种一切是虚无的过程本身也是虚无。

人类学的不朽构造根基，人类学的不朽为世俗化的不朽涂抹意义。在心灵未从肉体中觉醒的时代，两种不朽的形式和谐地把个体生命指向共在的世界；在心灵彻底从肉体中崛起的全文化时代，两种不朽的形式显意识地把个体生命带向共在的世界。只是在人类的过渡期，它们才片面地被强调。这种过渡期，正是反存现象主宰世界的时期。

（3）反存现象的反形而上倾向

作为人类历史发展的过渡环节，反存现象既存在合理性，又存在被否定的合理性。从不自觉到全觉的过程，这需要时间，需要做出决定的时间。在这种中间状态中，人类关于自己如何对待命运不外乎有三种方案：或继续觉醒步入全文化时代，或返归混浊倒退到原始时代，或任其自然沉湎于当下的流逝。反存现象，正是人类犹疑于这三种可能性时出现的中间现象。它是一种徘徊不定的生存状态，一种对人类的自由、人类的不朽问题不信任的人生取向，一种进而否定人的本质、拒绝人类不朽的活动。说反存现象是人类历史上的过渡时期，因为我们从中既看到新时代的曙光，又发现人类对旧时代的依恋。革命者竭力鼓吹新时代的合理性，守旧者捍卫旧时代的合理性。但是，人类一旦觉醒就不可能回归原始的、蒙昧的、素朴的生活，他只有继续直向光明的地方走下去。文化进化论者如是说。这乃植根于人性的真理。纵使有时往返不定，全文化的时代最终必然替代片面的时代。

反存现象的反动作用，在于它使人类远离对不朽的渴望，抛弃对共在的憧憬。它不相信自由是人的本质及世俗化不朽的文化学价值，不相信人类学不朽的意义。它流放自由。什么文化与自由，什么不朽与永生，什么共在与共存，反存现象让人冷漠这些问题。正是在这种思想的指导下，人类学被指责为异端，文化人被投进监狱，人类的文本被冷遇在图书馆里。在反存现象的吸引下，个体生命不是显意识地向全人进化而是潜意识地向片面的东西进化，不是以心灵的全面开放而是以其片面的无背景的开放为生存目的，或满足于天真浪漫的幻想，或沉湎于咬文嚼字的推理，或痴心于任性盲目的冲动。没有背景、没有根据、没有世界、没有历史，这就是生活在反存现象中的人。

在反存现象的影响下，人类向全文化时代近逼的步伐被延缓。各种各样的价值取向、转瞬即逝的意义选择并行不悖。每门学科丧失了对自己的边缘、自己的对象、语言、使命的自觉而常常陷于无明的混沌状态。

反存现象不管是对个体生命的吸引还是对人类文化的影响，这本根于它对人的非人的阐释。在反存现象的开启下，人的本质不是自由而是不自由，自由的因然性与目的性脱节，人的本能性与本质性断裂、不再互渗。人只是一个现成的东西，他的一切活动只是对现成于自身中的抽出，他的心灵无需后天的向我垦拓。这种现象，拒绝沉思、感受、顿悟不朽——不论是世俗化的不朽还是人类学的不朽。因此，它在思想中区别正统与异端，在感受中划分表现与再现，把顿悟、直觉当作迷信。

反存现象是对虚无地平线的盲目。它把人理解为现成的在者，因而，人是无限的永恒的不死的在者。客观上虽然任何人都逃不脱死亡的审判，但反存现象继续教导：人生无限，人类历史无限。这种教导基于认定而不是沉思、感受、顿悟的必然。对人生的有限性、人类历史的有限性的盲目，这因然于反存现象对本真的时间性的盲目。这种本真的时间性，意味着时间对个体生命、人类历史是有限性的、边缘性的、目的性的。

反存现象的存在，为自己创造了替代者——共存现象。在反存现象把单一的不朽形式推向极端的地方，不朽本身就被否定。假如人类越远离人类学的不朽，他的共在者就越多，他的生命素质就越低劣；他越把实物性纳入自己的本性，他就越要被实物性抛弃；假如人越沉溺于世俗化的不朽，他追求世俗化的不朽的欲望就越得不到满足；他越同实物性事物交缘，他就越自私、贪婪、虚伪、无聊、空洞。偏执于任何一种不朽形式，人都不可能不朽，不可能共在。

反存现象对虚无地平线的盲目，从反面孕育了人类最优论的诞生。在科学主义思潮中，许多科学工作者坚信自己能够认识宇宙。即是说，人有能力认识万物因而优越于万物。不管人自诩有多少知识，他对开放的宇宙永远是无知的、无能的。他无能改变宇宙的运行方式及人类历史有限性的命运，无能改变人生有限性的注定。科学的成就，只证明人的无能与狂妄。在当下，人把自己的精神活动向内转——把悟人自身、把悟人类自身，这是人应该能够但还没有开始的、唯一的工作。

由于对两种不朽形式的麻木，反存现象反对共在，于是种族主义、国家主义、民族主义、唯我主义的思想到处流窜。不过，作为一种过渡的生存状态，反存现象培植出一种崭新的力量——共存现象。人首先赴身于两种不朽形式的共在，然后承认在自己之外还有他人，在真理之外还有真理。我所体验的幸福、我所认识的思想、我所信仰的上帝，一旦离开我就没有意义。不必用自己的幸福观、思想观、信仰观评价他人，只需虔诚地体验、明晰地认识、坚定地信仰，这是对我最有价值的事业。

这样，克服反存现象的方式被反存现象本身所创生——共存现象。世俗化的不朽为人类学的不朽给出根基，人类学的不朽赋予世俗化的不朽以光芒。它们作为不朽的形式而互渗。在全超验的形而上学里，两种不朽的形式各任其性、各显其能。全超验的形而上学，并不回答个体生命的明天，它只呼吁个体生命向全超验的方向而去。

四、形而上学家

形而上学家，在知识上没有科学家广博，在言说方式上不像艺术家那样善变。形而上学家不具有关于自然的形而上学的知识，他只有关于心灵的形而上学的思想。这种思想，植根于形而上学家的生命理智对符号语言的感应活动中；这种活动，激励形而上学家在虚无地平线上塑造富于秩序的心灵图景。形而上学家，就是他的生命理智在赴身途中产出的一个生生不息、新新不住的文本。这个文本不同于形而上作品，他呼吸、沉思，不可能被流放到图书馆里，他在谈话中被人阅读、被人误解。另外，形而上学家作为一种对抗现实的文本，内含许多不纯粹的、相隔文本的东西，一些为世俗化的不朽而奔走的冲动。在这个意义上，形而上学家与非形而上学家没有什么质的不同；但是，作为向两种不朽样式赴身的典型，他们却始终存在质的差异。

1. 作为文化人的形而上学家

世界的价值来自文化人对世界的阐释，文化人的存在源自人对文化的开掘。这是人把自己当作人来阐释的活动，是人守护自己本质的活动。它从虚无中召唤人的自由，明证人是因为自己、为了自己而降生的。由于虚无地平线的永恒的注定，人生的有限性、人类历史的有限性被昭示。这种命运，迫使人萌生超越有限的意向。于是，形而上学同其他文化样式诞生在这种萌生的体验中。[14]

形而上学家是文化人。他超越虚无地平线的方式，既不是政治的方式，更不是经济的方式，而是文化的方式、向我感应的方式。形而上学家自觉地把形而上学当作自己从世俗化的不朽跃升到人类学不朽的通道（Breaching,

---

14 形上最终是人的一种精神样式。

Bahnung），他有意识地通过这个通道，不管它有无尽头！他用感应性符号语言阐释人的本质——自由。换言之，自由是因为自由而且为了自由而自由。再换言之，人是因为自己而且为了自己而做人。在自由这种因然性与目的性的契合中，人作为人获得存在的合理性。假如自由不是因为自己而自由，假如自由不是为了自己而自由，那么，人就不是因为自己而为人，也不是为了自己而为人；人的起源的合理性被他物阐释，人的存在的目的性被他物窃取。如果这样，人类历史的发展就丧失了意义，个体生命的运迁就没有价值。但是，人不可能抹杀历史的存在，不可能把已经开始的历史复原如初，不可能把文化、语言、文本、写作这些同自己的生命息息相关的东西埋葬和遗忘。所以，人类离不开形而上学，个体生命离不开形而上学的沉思。

形而上学家是文化人，他以在心灵中分明秩序的生命理智为生存的场所，他的语言是感应性符号语言，他的文本是观念性结构文本，他写作是为了让自己的情感、意志沉淀为背景，让自己的生命理智为自己的存在给出合理性的明证。借助这些，形而上学家的个体生命的有限性被超越了，人类也增长了一种超越自身历史有限性的方式——形而上的方式。形而上学家守护人的本质，他时时刻刻准备为一切否定人的本质的行为牺牲自己的生命。在这个意义上，形而上学家同所有的文化人一样，他的生命不仅属于他自己，而且属于全人类。他是一个世界公民，一个代表人类的未来、充满希望的先行者。他同两种人对抗：把生命的价值仅仅依系自身和旁托集团的人。这两种人，不以人的本质为宗师而以低于它的东西为人生的根本，或者把自己的生命看作高于一切的东西，或者把集团的利益凌驾于人类之上。前者忘记在自己之外还有他人的合理存在，后者淡漠人应殉身于人类的命运。因为，仅仅赴身于世俗化的不朽，仅仅洞明自己存在的合理性，这将放纵人的私欲及人口的无限增长；仅仅把生命殉身于个别集团的利益，这是对生命意义的节制和浪费。在人类历史上，只有人才是自己的未来。

2. 形而上学家对现实的态度

形而上学、艺术、宗教是关于彼岸世界的学说。形而上学的彼岸性培育了形而上学家理想开放的心灵——一种只具有可能性的人生取向。这种心灵，使形而上学家永远走在现实的前面——形而上学家对现实的要求永远比现实本身所能满足的要求要多得多。在现实面前，他注定要被世人拒绝。从古至今，凡是讴歌现实的形而上学家，正越来越被人类遗弃。对现实的满足，这是市侩的人生；对现实的抗议，这才是形而上学家的人生。

形而上学家对现实的不满不同于艺术家的态度，他不在情感的波荡起伏中表达内心的愤怒，他以明晰的言说为武器、批判现实不尽人性的地方。形而上学家也不像传道士那样，以在根本上否定此岸本身的意义的天国为理想。形而上学家的彼岸在延缓的日子中展开。

形而上学家只关注现实那些同人性关联的东西，他把自己的精神倾心于对人的本质的开启和守护。他用感应性符号语言在写作的照明下同一切反人道、反人类学不朽的行为作坚决的斗争。形而上学家为自由而工作。他把生命赴身于人道之途。只要在语言上不忘记对现实的批判，只要在写作中坚守人的本质——自由，只要不时扩展人类的理想生活成为反对人类沉沦的力量，形而上学家就是形而上学家。

3. 形而上学的使命

当然，形而上学努力使自己的活动成为形而上学的，在人的心灵中留下形而上学的踪迹。这不仅是全超验的形而上学的使命，而且是一切形而上学体系奋斗的最终目标。但是，形而上学在运作取向上的双重性——当形而上学取向个体生命的时候，它便成为个体生命超越虚无地平线的一种方式；当形而上学取向人类的时候，它为人类设定片面的心灵图景。

（1）作为超越虚无地平线的方式的形而上学

形而上学以其独特的存在向全超验的形而上学回归，这实质上是形而上学的自我回归。在这种回归途中，它为个体生命创生了一种超越虚无地平线的方式——形而上的方式。这种方式，相对科学的、艺术的、伦理的、宗教的、美学的方式而存在。它和这些方式的差别在于：形而上学的对象是人的生命理智明晰人的心灵的活动，形而上学的语言是感应性符号语言，形而上学的使命是建构观念性结构文本，或者为个体生命生出理性的心灵图景。

形而上学、艺术、宗教，是人作为个体生命关于彼岸世界的学说。它们所构成的理想图景永远不可能实现。这种理想图景（或明晰的生命理智图景，或混沌的生命情感图景，或权能的生命意志图景）之所以永远不可能实现，是因为在人与这种理想图景之间存在一条不断在后退的通道，一条只有开始没有尽头的通道。人每在通道上前进一步，理想图景就在远处退却一步。但是，它又吸引人的所去不会完全消失。科学、伦理、美学则是关于此岸世界的学说。科学的价值隐身在我们的日常生活中，伦理的功能体现在人与人的交往活动中，美学为我们的生存倾注原动力。

不过，作为关于彼岸世界的科学，形而上学与艺术、宗教还存在质的差别。生命理智在感应性符号语言中创构明晰的心灵图景，这是形而上学的使命。艺术的原始细胞为生命情感、感觉性象征语言、混沌的人生图景；宗教的基本元素为生命意志、顿悟性指使语言、权能的人生图景。

（2）为人类设定片面的心灵图景的形而上学

全超验的形而上学，是对过去的一切形而上学的终结。它把形而上学从混乱的文化背景中孤立出来，使形而上学意识到自己的边缘。它不再为人生设定全面的心灵图景，它无能设定这样的图景。它对人的本质的理性的言说，与其说是关于人的本质的不变的规定，不如说是为人返归自己的本质给出本源论的方法。这种方法，和人的本源与存在相生相融。在论述人的时候，它一方面追问人的起源，一方面追问人的存在，而且为这种追问创作可能性的空间。形而上学守护人的本质，于是转化为人如何守护自己本质的方法，这就是本源论的方法。

本源论的方法，既从人同万物的关联中沉思人，又从人同万物隔断中反省人。在本源论的明照下，人是历史的存在，社会的存在，他和动物相关联。在存在论的开启下，人是开放的存在，向我的存在，他的理想是全人。这就是全超验的形而上学关于人的一般话语。

（1991 年第一稿，2006 年 9 月 15 日第二稿，2020 年 7 月 21 日修订）

附录2：1987年艺术的本质论纲

人类对艺术本质的思考，要么从经验中描述对艺术创作的体验，要么用人本主义哲学演绎艺术的域限。因此，我只想从自己对艺术的体验中提炼艺术的本质。

1. 艺术是人的创造，艺术不是自然的作品

自然无论给人多少美的享受，它都不能增强人的生存信心。自然的作品，只表现人的生存舞台的因果序列。成为审美对象的自然对人的自律，最多只具有象征的意义。

自然的作品实证自然本身的存在，它不能完成对人的存在的意识。艺术是人的生存的实证，是人的本质在虚无中的确证。自然因丧失自己的虚无性而成为实体，从而丧失了成为艺术的可能性。

人起源于动物，构成人的本能；人超越于动物，构成人的本质。人的本质是自在自为的精神。人的自在性，指人的生命在时空中只能以自己的身份得到确证，即人的存在的非重复性。人的自存性，指人的生存在超越时空中以自己的形式完成——人通过对自己的反思、行动展开自己的生存。人的精神，决定着人的自在自存，决定着人在本能与本质中的选择结局，它显示着人的自我批判力量，表述着个体超越自己的能力的大小。人的精神代表着人的生命的自我否定性这一本质，使人能超越于动物。

人超越于动物是从动物对自身的超越开始的，即第一个人也是动物，从此决定着人的生存的二重性：本能性、本质性。本能性，证明人从何处来；本质性，证明人向何处去。那么，人性，即人的本性，人在本能与本质中的不断

选择、人的劳作。所以，人只有在冲突中追求生存。艺术，作为人选择自己生存的一种方式，是人寻找自救的一种形式。人要超越动物，仅仅在意识中完成是不够的。作品、行动，在本质的意义上构成超越动物的实证——用对象将自己与动物、原我相区别。艺术，正是人与动物区别的一种文化事实。它是人的本质力量的确证，是人的本能力量、人的起源的否证。艺术，绝不否定人的本能，因为人始终是肉体的存在。它是人的本能的超越，它教育人应该怎样生存。艺术，不表现人起源于动物的原始，它执着原始的抗争精神。它永远向着未来、向着人的本质前进，是人的主体性精神觉醒的标志。梵高、高更的画最有力地证明了这一点。

主体是客体的主体，客体是主体的客体。客体，指外在于人的自然或内在于人的自我。人因为是自然的一部分，他是客体的主体；自然因为人而具有意义，他是主体的客体。人起源之前及人之后的纯粹自然，人无法描述。人关于主体与客体的区别的意识，人意识到与自然的不同及自身的创造物——自我的不同，这意味着对人的本质的占有。主体性精神，是人把自己当成客体对象加以创造的精神，是人寻找自我的精神，是人在虚无中创造自己的生存根据的精神。

日本现代作家伊藤整的主体性精神，表现在他把自己当作客体不断地自我创造的精神。他的《青春》《火鸟》《鸣海仙吉》《德能五郎》是他寻找自我留下的生命的轨迹。在此，我引述左左木基一的评论，说明伊藤整的主体性精神是怎样创造他的自我、他的艺术的：

"我所说的是，伊藤整要返回青春期的故乡——北海道中，去寻找自己的原型，发掘故乡的魂灵。这只会产生他对远离故乡的愁苦及逝去的青春的怀念，而绝对不可能形成自己的新世界，新的领域的证据。这样，文学家在新闻界表现出来的生活立场，由于自己的世界没有充实的证据，就会常常为今天的自己不是真实的自己这类宿命意识所缠绕。假如从过去的青春时代的自己中去寻找自己的真实，托生于原始的水淋淋的青年，由于现实的不可能，这种穿越过去的旅行，只会显现出作者自身在现在的空虚。那么，怎样从现在的生活和文学中铸奠真实的自己呢？既不因生活而牺牲艺术，又不因艺术而牺牲生活，把自己完整地铸奠于现实中。铸奠于表现中的道路在哪里呢？这个课题，准是伊藤整日夜苦闷的原因。他为发掘自己的世界，摸索诞生自己的方法长年苦斗着。这样，其尽头渐渐明朗起来，表现在《德能五郎的生活与意见》一文中。不过，这种新兴的、坚固的领域的发掘，还只是零乱的，一种杂技式文学的处世方法和文学方法。怯懦的保身家、有常识的市民、由报界的虚名装饰着的文学家、家庭的父亲、夫人的丈夫，这些暗淡的情念，燃烧着他痛苦的生命。他意识到真实的自己丧失在为报界的追求而必须工作的适应中，他是一个何等悲惨滑稽的人。无论什么地方都没有一点真实的东西；他总是一个不断追随时势、敏锐地反应认识时势而活着的人。他背负着的这些命运，正是他的真实的自己，是他丧失着真我时对现在的自己的体验。就是说，故乡的丧失、青春的丧失、一塌糊涂的地狱生活，正构成他自己的世界，他正是在对铸奠自己的自觉中发掘了自己的方法。"[1]这是左左木基一对一个日本现代作家怎样寻找自我的分析。伊藤整用作品证明了他的生存，他因自己的作品而不朽。[2]

　　人是虚无的存在，因此人要创造自己的生存根据。所谓创造，就是无中生有。在虚无中诞生人的生存根据。自然是作为自身的实证根据而存在，它不确证人的生存本质。人在自然中觉醒，开始于人意识到自己与自然的不同——人与物、人与动物、人自身与肉体的不同。这不同，构成人在虚无中的生存根据。所以，艺术是一种文化现象，是人与动物的区别的具象实证，是人的本质力量的展开。

　　人把反思的自我对象化到材料中去，人用材料生成自己的本质，这便是文化，是艺术的可能性世界。如果材料不是祈祷、思辨、直观而是静观，艺术就诞生了。祈祷、直观、静观、思辨，在人的自我中都是展开人的本质的手段。因此，艺术这种文化现象，并没有绝对的同哲学、美学、宗教相区别的界线。

　　艺术是人的创造，它要求人的生理感官转向人化的世界，要求人摆脱自己的起源世界向人的本质世界的生存过渡。生理感官在每个人身体上的一致性，说明人来源于同一个地方：动物世界。生理感官的人化，是为了寻找人的生理感官——肉体与动物的肉体的质的差异性。在人的自然界——肉体中，人丧失了追求这种区别的可能性，那么，只有到人的自我界——精神中探讨提供人区别于动物的缘由了。人化，希望人关注自己的本质：自在自为的精神，尤其要求人正视自己的生存、自己的自我。

---

1 《现代文学（18）伊藤整集》，东京：河出书房，1965 年。

2 这就是笔者在"1991 年形而上学纲要"中所说的人类学的不朽，一种以文学文本所见证的不朽。

生理感官的人化，是意识到人的肉体与人自己不同的开始，它宣告了人对肉体的存在冷漠，是人对功利性的扬弃。假如艺术家整体沉湎于世俗的功利，为着人的本能而忙碌，他就不可能创造艺术。假如艺术家只善于模仿生理感官这现实世界，艺术异化的主体就从他的心灵中产生。不能表现生命力的抗争精神的运动艺术，不是艺术。健美的肌肉显现着运动员顽强的训练精神，它凝聚着人的全部热情、智慧及意志，它同样是艺术。

生理感官的人化，是艺术诞生的第一前提。它完成了人与动物的区别，把人的本质移向人自己。艺术是人的本质自我超越、选择、创造的产物。作为人的创造物，它在自然面前确立人存在的主体性，从而构成人类文化的形式。这样，模仿性艺术不是艺术而是艺术的异化。因为，模仿性艺术不能证明人的本质生存，它把人推向自然的因果序列，使人遭致主体性的毁灭，培育人的奴隶人格。苏格拉底、柏拉图由于看到这点否定了模仿性艺术的价值。

人创造艺术只是为实证自己在虚无面前的存在。艺术因此是人的生存方式，是人的一种生存手段。艺术家首先必须是艺术的生存，他才能创作真正的艺术。一切不能表达人的生存的作品，就不是艺术，正如一切不能实现人的本质的作品，就不是文化一样。

2. 艺术是人生的创造，不是他人意志的显现

人的客体，在一般的意义上理解就是自然。人是相对自然而言，人生是相对社会而言。

艺术是人的创造物，这里人的含义是从人本主义的角度加以理解的。人本主义，主张以人为本体，反对把物当作根本的学说。费尔巴哈人本主义哲学，指向人的生物性，把人当作生物的类与自然区别。人只是一个特殊的物种。马克思人本主义哲学，认为人的本质在其现实性上是一切社会关系的总和。一句话，费尔巴哈的"人"是生物的类人。马克思的"人"是社会的人类。

无论生物的类人还是社会的人类，只为艺术的诞生提供了可能性条件。古今中外，任何伟大的艺术品，都不产生于人的合作。如果历史为这种合作提供了现实的依据，那么，其中的一部分合作只能理解为人格不完善的表现。

艺术是人生的创造，即强调艺术的个性。人生的对象是社会，人生与他人的交往完成着自己的本质。人征服自然的斗争，实现了人的主体性精神。作为人的本质的对象化的艺术，呼唤着人在自然、肉体中留下自己的本质的烙印；艺术是人生的创造，要求艺术以表现人的心理感受为使命。

生理感官——肉体，是人自身的自然界；心理感受——灵魂，是人自身的社会界。肉体、灵魂，皆为人的精神而生存。因为，不是人的本能创造了人，而是人的本质创造了人的历史。艺术创造人生，通过人的心理感受的人生化而得以完成。

人的灵魂、人的心理感受，总想依附于一个支柱，妄图享受平静的生活。正是这种平静的生活本身，孕育着人的依赖心理。人的心理感受的个性化，是由于人自己以个体的身份面向虚无的深渊，由此铸成个人对孤独的体验。人痛苦，因为他明白自己的人生只能靠自己来完成，多么艰难啊，几十年的长途跋涉。人孤独，因为没有人能代替他自己履行人生的义务。因为除他之外，没有谁能代替他体验虚无。这样，我们的灵魂必然要去寻找安息的处所。上帝是人的灵魂企图有所依归的化身。

心理感受，包括人对他爱、他尊、理解、同情的需要，它迫使人在他人、社会中实现自己的价值，确立自己的地位及存在。现实生活中，不少父母对子女的爱，并不具备爱的本质——无穷无尽的牺牲精神，而是为了控制子女的行为，使他们成为自己的观念牺牲。在这种情况下，子女如果寄托于父母的爱，他丧失的是做人的权力。心理感受，无意地把自己的人生交予他人——父母、老师、朋友、妻子，感化人主动地争取做奴隶的权力。心理感受的人生化，根本上摧毁了人的依赖性，呼吁人自立自新，自己完成自己的生存。它希望人自爱、自信、自尊、自救、自我理解、自我同情。正是在这个意义上，人类社会才能够真正地充满平等、博爱、自由。艺术，是心理感受人生化的体现，是人超越社会的过程中孤独的呼叫。它绝对排斥对他人的情感、理智、意志的依赖性，主张艺术家表现自己的情感、理智、意志。

史诗不是艺术，它没有创作艺术家独立的人格，它把艺术家的生命置于历史的彼在，艺术家成为过去的符号、注释。《圣约翰梦幻中的基督》尽管再现的是基督的形象，但它是十足的艺术，因为达利在背着十字架的基督身上托付着他生命自我超越的愿望。艺术是人生区别于他人的一种方式。这条律令不折不扣地要求艺术家在艺术中表现自己独一无二的心理感受。个体的心理感受，是绝对不同的，因为在从生到死的过程中，有无限多种可能供人选择，人生的完成者，当然只能是人自己。人生的单独性，构成人的心理感受的差异性。人生的创造物——艺术必然内含生命的个体性。个性是艺术的灵魂、艺术的生命。

个体性，是人在整体中的超越，是每个人相互区别的依据。它要人用创造确证自己的殊相，为整体作出自己独一无二的贡献。个体是整体的个体；整体是个体的整体。整体指向人类，指向人的创造世界。这后一种意义，整合了客体与整体。人是个体的存在。因为他是整体的存在，人凭借自己的创造物确证自己的个性于人类中。梵高的整体世界，正是他的心灵的激情燃烧出的《向日葵》《日出》《阿尔的太阳》……这些在人类史上从未有过的艺术品给梵高的生存带来了个性的光辉。

与他人雷同的人生不是人生，与他人的艺术精神相一致的艺术不是艺术。用作品追求自己与他人人生的不同，构成艺术家的生命职责。艺术，只是艺术家的个性精神的显现：艺术家的独特的心理感受的表现。主体是客体的超越，表现主体性精神的艺术并不排斥理智的成分。个体是整体的超越，表现个体性精神的艺术就必然洋溢着对他人的爱。艺术正因为美，它才具有真、善的性质。

个性，是个人独特的心理感受。个性精神把人的自我批判的本质附着于心理感受，把人的精神附着于人生。艺术表现的个体精神，或者说，艺术生长的个性精神，是艺术家自己体验到的心理感受，它不与人的本质对立，而是人的本质、人生的本质的超越。马克思理解的人的本质，是人生的本质的真正含义。因为，要定义人的本质只有在人超越社会的世界中。用社会的本质代替人的本质，正如用自然的本质代替人生的本质一样是异化的根源。艺术，带出的是自然文明史、社会文明史，它的目的是创造人。

艺术是人生的创造，艺术也创造着人生。人生既然是靠人自己来完成，他人的意志的主宰就成为艺术前进道路上的障碍。"三结合"不能产生艺术，大合唱是个体人格力量弱小的表现。艺术创造的是每个人的独立自主的精神，艺术毁灭人的依赖性。在他人意志的支配下，养育的是奴隶人格。人生因为有艺术，一些人在社会中才能够赖以生存。在这样的意义上，艺术是真实情感的直觉形式。没有体验到的情感不是真实情感，没有意识到的心理感受不是人生化的心理感受。艺术直觉人生化的心理感受。个性是艺术的灵魂。

总之，主体性确证人的本质于自然，个体性确证人生的本质于社会。主体性是艺术诞生的起点，个体性是艺术前进的中介。

3. 艺术是人格的创造，艺术不是人的过去或未来的彼在的生存显现

自然的因果决定论，导致人对自然的模仿；社会的目的决定论，把个人推着亦步亦趋。它们都把艺术置于异化的境地。我主张艺术是人的创造、人生的创造，关键是要求人关注自己的生存。人自己的生存是他人存在的前提，对自身生存的体验是体验他人存在的基础。

人是自在自为的精神。人对自身自为的结果即人的生存信念。人生是人的生存信念的确立，人格是人的生存信念的展开，即人在反思中实证自己的生存信念，在行动中建构自己的生存信念。人格是人按照自己的生存信念的行动。艺术，作为这种行动的结果，是人格的一种见证形式。心灵感情的人格化，是艺术在人格创造中的具体方式。

心灵感情指向的是人的生存本质，而情感正是人的生存本质的一方面表现。在这个意义上，心灵感情包含着情感。可是，心灵感情是整体考察人格形成的概念，情感是就人格的一方面来考察的，所以，二者并无矛盾。心灵感情在最小的域值内，人对异性都有一种依赖心理，总想把自己的感情思想对象化到异性中去，从对象的言论、姿色的表露中寻求安慰。心灵感情的人格化，绝不否定男女之间纯洁的爱情，而是主张男人或女人都应献身于自己的生存信念，让自己的感情倾注于自己的信念，生生不息地行动。

心灵感情的人格化，要求人用创造作品不断地把自己的信念物化，确立自己此在的生存。它否定人对过去缠缠绵绵的依恋，否定人对未来的空想，唤醒人时时刻刻的行动意识，用行动实现自我超越，用超越主宰自己的命运。

生理感官的人化，意味着人对自然的奴役的摆脱，人在自然中确立了自己的主体性或超功利性。心理感受的人生化，把人从社会中拯救出来，打消了人对他人的依赖心理。心灵感情的人格化，从根本上确立了人对自己的命运的主宰关系，是人的自主性的肯定。由于人格是不断的超越本身，当然心灵感情的人格化乃是人格精神的最有力的创造者。

人格精神，只能在人对自我的反思及行动的基础上出现。人丧失行动及反思的能力，即丧失了人格。它把人的本质——精神——具体化到作品中去，用作品实证人的生存。人格，既然是人的此在的生存，艺术就必须用人的此在的生存充实自己。因为，实证人的生存是艺术创作的目的。心灵感情的人格化，作为艺术完成自己的中介，是人的生理感官人化、心理感受人生化的前提。人格是人生、人不朽的前提。

这样，在终极的意义上，模仿自然的作品不是艺术，表现他人的情感不是艺术，再现自己的过去或未来更不是艺术。艺术是人的此在的生存的显现。真正的艺术家，每幅作品都与自己的过去与未来的作品、他人的作品、自然的作品有着质的不同。艺术，在人格创造中，是人的本质在行动中的确证。

艺术是人格的创造，要求艺术家追求此在的生存，要求艺术家寻找质的不同。他既不把肉体的此岸当作人生的归宿，又不把灵魂的彼岸当作人生的天堂加以信仰。

艺术不是肉体的作品，它是对肉体的存在的征服。

艺术不是灵魂的作品，它是对灵魂的存在的超越。

艺术不是自然的作品，不是他人意志的显现，艺术不是人在过去或未来的选择。艺术只选择此在的人格生存。

4. 艺术是人的精神创造，它满足人的精神需要

人的本质是自在自为的精神，艺术是人的创造，所以，艺术是人的精神产品。人格是人的精神的现实展开；艺术是其展开的形式。

人觉醒于动物，因为人意识到自己与动物的不同。人把自己当作主体世界来生存，因为人把自己当作客体世界来生存。人对主体和客体的区别，即主体性精神的诞生，是人从动物中觉醒的标志。人生成自己的客体世界，当然只有人对自身的批判，即通过对人自身的批判来完成。精神是人特有的批判理性。自我意识、自我超越因为人的批判理性而能够实现。

人的批判理性，即人把自己当作客体加以反思和创造的能力，这正是人的精神要求。艺术被当作人的精神产品，同时是人的本质的物化实证，是人在虚无面前建构自己的生存根据的一种手段。人有了艺术，在虚无中消失的是自己的恐惧感，人就不会感到空虚，人因为艺术而充实着自己的人生。批判理性，人的精神把理性本身加以批判的结果，就是哲学的诞生；把情感加以批判，属于美学的可能性的范围。人的本质需要，是人认识自己、建构自己的需要，即人的精神需要（精神不是物质的对立物，其间是灵魂，基础是肉体）。精神在艺术中作用的结果，构成人的需要的满足形式，人通过对艺术的创造及欣赏，完成了对自身的生存的认识及建构。

艺术满足人的精神需要，它不为人的肉体存在、灵魂存在提供任何微不足道的证明。肉体只有物质能够满足其需要，人只有在自然中为肉体生产需要品。灵魂、人的心理感受，只有在同他人的交往中心理水平的需要才能得

到平衡。艺术，把人从自然的生产中解放出来，这不是为了让人在社会中虚度光阴，不是现实主义理解的艺术对社会生活的反映，它要求人面向自我，面向自己一无所有的生存。艺术，把人从自然的奴性的地位解放出来，把人从社会的奴隶地位解放出来，教育人用创造对抗自然、社会的客观性，即教育人用主体性、个体性对抗客观的外在自然界。人沦为奴隶，无非因为人丧失了自己的人格，丧失了自己的生存信念，所以，作为建构生存信念的手段的艺术，是人的归宿之一。

艺术是人的本质生存的实证，艺术满足人的精神需要。它关注人的本质生存，排斥人的物质生产，把人在自然中的作品抛弃于艺术领域之外。任何艺术，只有在人精神空虚的时候，只有人需要充实的时候，它才显现出自己的价值。物质的贫乏，艺术爱莫能助。人创造的物质产品，如机器、厂房等，不是艺术。因为艺术是人的本质需要的满足。

5. 艺术是人的情感表现，它调节人的心理感受

生理感官的人化，是艺术诞生的首先条件。艺术是人的精神创造，是人对自身生存的批判的物化世界。由于艺术表现人生的情感或者说创造人生的情感，而与哲学、美学、宗教相区别。艺术是人生情感的创造，是生命力的丰富充实。

哲学，升华人的判断力，情感、意志都融合于人的判断力中。美学，净化人的直觉力，它用理性的语言去创作一个明晰的世界，世界本身的混沌因为美学的直观而被赋予形式。宗教强调人的意志的训练，强调行动前的素质，理智、情感都只能服从于这种行动前的祈祷。艺术不同于其他文化。因为，它从开始就是创造情感，最后还是情感的创造。情感的消失，就是艺术生命力的消失。

情感不同于感情。感情，是感官的情感。人的感官的作用及价值，在于它是对人的起源的证明，因此感情具有本能性。我们说我对某人有感情，不说我对某人有情感。感情具有双重指向：人的本能——证明人的起源；人的本质——证明人应该是什么。人的本能导向人的现实的生存，使人沉浸于过去的回忆及现在的享乐。人的本质导向人的理想的生存，让人用理想反抗现实。这样，人在感情上的矛盾，就是理想与现实的矛盾、未来与过去的矛盾、人的本质与人的本能的矛盾。

情感在词素构成上与感情的质的不一致，证明情感与感情有着质的不同含义。情感、理智、意志是一组概念，感情、感官、感受是一组概念。情感，是人对自身创造的结果，代表人的本质生存的一方面，它给人生命力，即为着自己的生存信念而不息地抗争的热情。人生越是创造，人的本质就越丰富，人的生命力就越旺盛，人的生存信心就越稳固，因为人因创造找到了自己的存在根据。情感，把人的本质纳入人的本能的力量，是人对自我的创造。这构成对情感的理性化描述。

情感作为人的创造物，它充实人的生存背景，虚无本身的无序性因情感的创造占有了自己的生存形象。情感在表现前、创造前是对虚无本身的体验。这样，高尔泰先生把情感的本质付诸感情化的描述："它包括一切确实存在而又无法通过语言符号构成一个逻辑体系，无法获得一个明确的思维推理形式的心理过程。包括一切我们直接经验到的那些'只可意会，不可言传'的东西；那些'忧来无方，人莫知之'的东西；那些'才下眉头，却上心头'……的东西；那些闪烁明灭、重叠交差有如水上星光的东西；那些执拗地、静静地飘浮着而又不知不觉变得面目全非的东西；那些骚动不安，时隐时现、时快时慢，似乎留下什么却又使我们惘然若失的东西。"[3]表现情感，就是赋予人的心灵以语言符号。心灵本身的虚无性，就需要这种不断赋予的形式去充实，心灵因此而能够生存。

情感创造人的生命力，理智创造人的判断力，意志创造人的直觉力。美是合意志的创造，由此可见出美学、直觉力、意志的联系。直觉力在艺术中给心灵以形式，在宗教中给人以行动前的意志。人用语言创造生命——艺术；用审美行动创造生命——美学。艺术通过表现人的情感来创造人的生命力。语言创造的艺术因有创造的成分而具有美的含义，即艺术中必须具有美。

艺术是人生的情感表现，[4]它表现情感的过程构成人的生命力诞生的过程。所以，艺术是人的生存形式，它同哲学、美学、宗教构成人生的四大生存方式。人生，就是心理感受与他人的不同，即不同于他人的心理感受。在这

3　高尔泰：《美是自由的象征》，北京：人民文学出版社，1986年，第174-175页。

4　两句话中的创造、表现，是在克罗齐描述的含义上进一步使用的。创造、表现，作为情感上的生存方式，是直觉。直觉不仅在人的心灵中诞生形象，而且要将这种形象物化。直觉的情感物化过程，是生命的自我超越过程，因而美学也创造着人的直觉力。表现，在我的理解中，更多指向人与自我的关系，所以，表现即直觉。

个含义上，情感同人的心理感受具有偶合内项，情感的表现即人生的心理感受的人生化过程。

心理感受——人生对尊重、理解、同情、爱的需要的感受构成情感的全部内容。艺术，无非是人生在茫茫宇宙中追求它们的方式，把从心理上对他人的要求转化为对自身的要求，即恢复自尊、自爱、自己理解自己、自己同情自己的尊严。人为什么需要他人的尊重、理解、同情、爱呢？因为人的生存，以孤独的个体面向虚无，正如个人在黑暗中向往这些东西一样。艺术的诞生，从心理上补偿了这些实际不可能实现的需要，使人明白了自尊、自爱、自知的重要性。艺术把人对它们的感受转化成对象，人生面对自己的心理感受的形式——艺术，正如面对现实中的事物，从而理解自己、尊重自己的选择。

艺术，给人的心理感受以形式。艺术，是人认识自己、理解自己的一种手段。人的情感，即人的心理感受。因为，尊重、理解、同情、爱都必须有对象。当然，这对象不应该是人天生的生理感官——肉体，它只能是人的本质、人的生存信念，即人对自我的创造物。一个人假如丧失了自己的本质的生存，他就丧失了被尊重、被理解、被同情、被爱的需要，因为他没有爱的对象。人的本质的实现，是心理感受得到满足的前提。艺术，宣扬的是人的本质生存，宣扬的是不断奋进的西西弗斯的感受。因此，艺术创造的对象满足着人对自身的心理感受，这正是艺术家在完成作品后沉浸到平静的喜悦中的原因。

艺术是情感的表现，它在心理感受方面满足人的本质，对心理感受加以人生化。个体的人——人生一旦获得了人的本质生存，心理感受便有了对象；有了对象，人就要求表现对象；表现人的心理感受，乃艺术的使命。人要求他人尊重、理解、同情、爱，应该在人认识到自己的本质的对象是什么之后，即人认识到自己应该怎样生存之后。否则，人的判断力就会迷失方向，因为别人不知道究竟该尊重你什么。心理感受的人生化，开始于人明白自己的本质而且着手创造自己的本质时候，开始于人自尊、自爱的时候。

人的心理感受的最终指向是人的本质的生存、人在情感中对自己的信念始终如一，那么，人的本质要得到表现就必须有形式。

6. 艺术是人的情感的表现性形式，而不是理智的思辨性形式，不是意志的完化形式

人格是人的理智、人的情感、人的意志的有机体。它是人实现了的本质

生存。人表现自己的人格必然从文化中选择形式，赋予心灵以手段。人以形式把情感、语言、符号对象化到人的心理感受中去，这即艺术。

艺术创造人的情感的表现性形式，是人的本质的生存形式。形式，不是内容的形式，它是心灵借以表现自己的情感手段，是人从情感方面理解自己、生成自己的手段。情感的成熟就是人对艺术的感觉及对艺术的创造永恒如一的渴望。艺术，绝对排斥人的肉体存在及人的灵魂存在的满足。人的灵魂存在，不是人生化的心理感受，而是依赖于他人的心理存在，如基督教徒的灵魂存在，是依赖于上帝的存在。艺术证明人的心灵生存。艺术，不仅超越一切功利，而且超越一切政治和外在于人的世俗目的。艺术，直接以人的心灵的创造、人的生命力的创造为目的。它只给心灵、生命力以形式。人从而在形式中认识自己的心灵。

艺术表现情感，它不是情感在思辨中的表现而是情感的表现性形式。哲学追求思辨，美学追求直观，它们给人的世界以区别。艺术追求表现。艺术的直觉依赖于生命力，美学的直观给人直觉力，表现即直觉，正因为艺术是直觉的生存，而直觉是用作品证明人的心理感受，艺术诞生的过程因此创造的生命力就成为美学的一个范畴。宗教追求静观，它们给人的世界以联系。所以，艺术的情感、宗教的情绪，是一种整体性的体验。人在艺术创作中，人在宗教祈祷中，就如在梦中一样，并不知道自己在何时何地。因为，人的判断力融会到生命力中去了。哲学、美学常常是在概念的生存中把生命力纳入人的直觉力、判断力。人在哲学、美学中给人的世界始终是秩序而非混沌。

混沌的体验只是艺术、宗教的体验，秩序的体验只是哲学、美学的体验。静观而混沌，就是宗教感；表现而混沌，就是艺术感；秩序而思辨，就是哲学感；秩序而直观，就是美学感。这构成人的不同生存方式。

艺术是情感的表现性形式。表现性形式不是再现性形式。表现性形式，无所谓已经存在的对象可以表现，无所谓已经存在的内容再被赋予形式。表现性形式，是形式的创造、情感的创造，是人在虚无中的情感对形式的选择。它给人以生命力，给人以生存的信心。正因为它是人的创造，这创造物便构成人格的客体，这艺术就是艺术家的生命力运动留下的轨迹。它同艺术家的生命一起构成人作为类的存在物的真正含义。

情感的表现性形式通过人格的形象创造、心灵感情的人格化来实现。艺术是人格的形象创造，艺术是美的表现，是生命的形象显现，这在文化现象中同哲学、美学、宗教相区别。

美是生命的完化创造。完化的第三层含义即美是生命的自我超越。人超越自我，最后选择心灵感情的人格化。人用形象塑造心灵感情，即艺术。

哲学没有形象只有思辨，美学没有形象只有直观，宗教没有形象只有静观。在根本上，宗教性艺术必然是静观的。唯独只有艺术创造形象。正因为创造，艺术的事业需要满腔的热情，需要不折不扣的拼搏精神。艺术家不同于凡人之处，在于他对形象得天独厚的感情、有着深刻创造形象的能力。由于艺术家用形象创造自己的人格、自己的人生，艺术家才同哲学家、美学家的生存有所不同。

宗教是行动前的意志，美学是行动中的意志，艺术是行动中的情感，哲学是行动前的理智。艺术追求行动中的情感，艺术用情感作为武器而行动，这正是生命完化创造的一种行为。这正是美的实现。

艺术表现美、表现生命的完化创造，这就是艺术家的生命力展开的过程。没有生命的完化创造，艺术不会诞生；正如没有情感的表现性形式，艺术就会被扼杀一样。

7. 艺术的六个规定性

艺术是人的创造。艺术把人同动物相区别，创造人的主体性精神。

艺术是人生的创造，艺术把个体的人同他人相区别，创造人的个性精神。

艺术是人格的创造，艺术把我体的人同自体的人相区别，把人的本质同人的起源相区别，创造人的人格精神。

这三个命题是关于艺术本质的形而上的回答。

艺术是人的精神创造，艺术是人的本质生存的实证，它满足人的精神需要。

艺术是情感的表现，是人的情感创造，是人的生存方式。

艺术是情感的表现性形式，它创造人的情感、人的生命力，以此同哲学、美学、宗教相区别。

这三个命题是关于艺术本质的形而下的回答。

8. 艺术创造人的情感，因而艺术的功能是改变人的情感，从而改变自然、社会

艺术在形象中创造人的自我，人正因为领略到形象的美，于是开始形象地理解自己的生存，在艺术形象中将自己的生存的表达化为己有。

人对艺术的欣赏，艺术对人的作用，不是肉体的满足，不是灵魂的慰藉，而是心灵的渴望及追求。

艺术给人的生理感官以力量，给人的心理感受以信心，给人的心灵情感以创造原动力，是人的生存的源泉。

艺术是人的精神上的满足，艺术作用于社会，其媒介是用情感理解情感，理解人自己。哲学丧失了思辨而陷入自相矛盾，哲学就意味着毁灭。美学没有对人生加以直观，美学就没有存在的可能性。艺术没有情感、没有形象就没有存在的根据。

艺术创造艺术家的形象，创造艺术家的自我的情感，创造欣赏者的生命力。这是艺术的作用与其社会功能。

文化不同于文明之处，在于它直向人的心灵。艺术直向人的心灵情感侧面，它首先改变人，然后通过人去改变世界。

艺术的功能是为了实现艺术家自救、实现人的自救。

（1987 年 9 月于成都；2020 年 7 月 22 日修订）

主要参考文献

1. 恩斯特·卡西尔:《人论》,甘阳译,上海:上海译文出版社,1986 年。

2. 恩斯特·卡西尔:《语言与神话》,于晓等译,北京:生活·读书·新知 三联书店,1988 年。

3. 费希特:《论学者的使命人的使命》,梁志学、沈真译,北京:商务印书 馆,1984 年。

4. 洪谦主编:《逻辑经验主义》,北京:商务印书馆,1982 年。

5. 胡塞尔:《欧洲科学危机和超验现象学》,张庆熊译,上海:上海译文出 版社,1988 年。

6. 胡塞尔:《现象学的观念》,倪梁康译,上海:上海译文出版社,1987 年。

7. 克莱夫·贝尔:《艺术》,周金环、马钟元译,北京:中国文联出版公司, 1985 年。

8. 克罗齐:《美学原理》,朱光潜译,北京:外国文学出版社,1983 年。

9. 罗素:《西方哲学史》,纽约:西门与舒斯特公司,1972 年。

10. 罗素:《哲学的问题》,何兆武译,北京:商务印书馆,1960 年。

11. 罗素:《宗教与科学》,徐奕春、林国夫译,北京:商务印书馆,1982 年。

12. 莫理斯·戈兰:《科学与反科学》,王德禄、王鲁平译,北京:中国国际 广播出版社,1988 年。

13. 尼采:《查拉斯图拉如是说》,尹溟译,北京:文化艺术出版社,1987 年。

14. 尼采：《快乐的科学》，余鸿荣译，北京：中国和平出版社，1986 年。

15. 叔本华：《作为意志和表象的世界》，石冲白译，北京：商务印书馆，1982 年。

16. 苏珊·朗格：《情感与形式》，刘大基、傅志强译，北京：中国社会科学出版社，1986 年。

17. 特伦斯·霍克斯：《结构主义与符号学》，瞿铁鹏译，上海：上海译文出版社，1987 年。

18. 托尔斯泰：《天国在你们心中》，李正荣、王佳平译，上海：上海三联书店，1988 年。

19. 维特根斯坦：《文化和价值》，黄正东、唐少杰译，北京：清华大学出版社，1987 年。

20. 亚里士多德：《形而上学》，吴寿彭译，北京：商务印书馆，1991 年。

21. 约翰 R.W.斯托特：《上帝的新社会》，伊利诺伊，1979 年。

22. 刘小枫主编：《20 世纪西方宗教哲学文选》，上海：上海三联书店，1994 年。

23. 洪谦主编：《西方现代资产阶级哲学论著选辑》，北京：商务印书馆，1964 年。

24. 中国现代外国哲学学会主编：《现代外国哲学》，第 7 辑，北京：人民出版社，1985 年。

25. *Deconstruction in Context Literature and Philosophy*, Edited by Mark C.Taylor, Chicago: the University of Chicago,1986.

26. H.理查德·尼布尔：《基督与文化》，纽约：哈普与瑞公司，1951 年。

27. H. 奥特：《不可言说的言说》，林克、赵勇译，北京：生活·读书·新知三联书店，1994 年。

28. K. 拉纳：《圣言的倾听者》，朱雁冰译，北京：生活·读书·新知三联书店，1994 年。

29. M. 兰德曼：《哲学人类学》，阎嘉译，贵阳：贵州人民出版社，1988 年。

30. W. 海森伯：《物理学和哲学》，范岱年译，北京：商务印书馆，1981 年。

2006 年后记

今天，除了宗教学界外，汉语学界其他领域的学者、知识人、编辑一旦谈起宗教，都从心中产生一种恐惧感。这种恐惧，虽然一方面来自于现实的政治因素，另一方面却是对宗教本身的恐惧。正因为有恐惧，所以人类才产生了宗教；正因为个体生命在技术与强权双重压迫下的无助，人类才需要从宗教里寻求安慰。

宗教是最悠久、最复杂的人类文化现象。只要人意识到自己在理性、才能、生命上的有限性，只要人类不放弃对这种有限性的超越性思考与回应，那么，人类就离不开宗教。宗教学研究的目的，乃是为了帮助人更好地理解宗教，引导人们在用意志选择信仰某位超越者的时候，能够做出有益于个体生命与人类生命存在的决断。

但是，在人类文化中，宗教并不是一种孤立的人文现象。它同形上、艺术共同构成人的精神样式，又和美学内在地关联于人的主观的生命意志之中，并间接地为科学、伦理提供终极的合法性依据。因为伦理道德的根据、科学真理的发现，无不和终极信仰相关。难怪大部分科学家都相信宇宙的秩序性，难怪伦理学最终必须回答人们服从道德的依据何在之类问题。而所有这一切成立的背景，在主观上和人的文化心理相关，在客观上它们本身又构成文化精神的一部分，即所谓文化传统。我们在前者的意义上，把形上、艺术、宗教、美学从历史逻辑研究中抽出来，独立形成这里的《人文学的文化逻辑》。至于它们如何分别在文化传统中生成，乃属于它们的历史生成逻辑探讨的范畴，属于形形色色的形上史、艺术史、宗教史、美学史的研究范畴。

《人文学的文化逻辑》，最初是《历史与逻辑——逻辑历史学引论》内在的一部分。但是，为了让读者更清晰地理解在人的文化心理与文化精神之间、在个人的自我意识与超我意识之间发生的形上、艺术、宗教之精神样式，再加上美学这种学问形态本身比科学、伦理更富有生成性的精神特征，所以在此独立成书，以适应这个时代对专业化阅读的需要。不过，如果要深入地理解人文学的逻辑，读者不可能不探入其母体——《历史与逻辑——逻辑历史学引论》看个究竟，追寻它们全然展开的上下文。附录中的"形而上学纲要"，大致写作于 1991 年，带着那个时代的不少学术痕迹，属于"不信者的形而上学纲要"，持有明显的科学进化观。今修改个别地方，读者从中可以看到"全超验的形上学"的形成开端。虽然不少观点已经有明确的修正，但在此刊出以纪念那样一个思想断层的年代。

感谢毕聪聪、吴莹、董艳玲认真校对书稿！

书中关于形上、艺术、宗教的大部分内容，曾经分别发表在《宗教·哲学·艺术》（1999）、《人文艺术》（1999）、《西南民族学院学报》（2003）、《外国哲学》（2003）、《基督教文化学刊》（2003）、《美术观察》（2004）等杂志或丛刊上。在这个哲学家普遍没有思想的时代，我们怎能奢求普通的文化人、知识人对纯粹之思发生兴趣呢？更何况大多数学人的写作，都是为了谋取肉体生命的存活居住。所以，在一个人口超过十三亿的泱泱大国、对印数只有几千份的学术刊物或专著而言，除了真正研究问题的学者会偶尔阅读这类文章外，这种发表物的社会影响力基本上等于零。

抱着同样绝望的期待，将此书献给一切唯愿深度关注我们的意识生命的存在、精神生命的共在、文化生命的同在的来者！

2006 年 9 月 12 日于无月光之夜，2020 年 5 月 25 日修改

2020 年后记

本书中"文化的逻辑（文化心理）、全超验的形而上学、先验艺术论、体验宗教论"，取自笔者 1997 年完成的《历史与逻辑——逻辑历史学引论》中"意识生命存在的逻辑"，位于"意识生命的特点"与"人物界"之间；"文化的逻辑（文化精神）"部分，取自其中"精神生命共在的逻辑"，位于"从文化心理向文化精神的过渡"与"人间界"之间；最后，笔者再把"意识生命存在的逻辑"中的学问形态之一"美学"部分抽离出来独立成章。同时，这里刊出"艺术的本质论纲"，是笔者 1987 年最早关于艺术的观念性言述。正是在这个基础上，笔者后来发展出"先验艺术论"、"世界关系美学"、"人文批评"。

从"1991 年形而上学纲要"到 1997 年完成的"全超验的形而上学"，笔者关于形上的思考，经历了作为学科形态的形而上学到作为人的精神样式的形上的过程，并且将后者同艺术、宗教相并列，人以此承受在上的普遍自我，进而生成为作为人类文化本根的形上精神、艺术精神与宗教精神。人作为个体生命与普遍自我的关系，其实是人神关系的一种变式。这些变式，还包括人与语言中的普遍话语、时空中的普遍时空、自然中的普遍规律、社会中的普遍正义、历史中的普遍真理之间的种种关系。正是基于对这些普遍性的规定性的追思与认同，人才从个体的人升华为人类生命共同体中的一员。

"1987 年艺术的本质论纲"，明显带有进化论的底色。人若不成为创造论者，仿佛这种思考就构成了他难以摆脱的宿命。不过，有心的读者会发现：艺术作为人的创造、作为人生的创造、作为人格的创造，这三重规定性分别是基于人物关系、人人关系、人我关系对于艺术的界定。这或许是笔者二十年后发展出的世界关系美学的潜在雏形。同样，正是在对人的精神性的探究中，在把人的情感同感情的比较中，在将人的情感并列纳入理智、意志的心理结构中，最后在同哲学、美学、宗教的对照中，笔者提出了"艺术是人的情感的表现性形式"的定义。哲学、美学、宗教、艺术四者，共同构成人的四种生存方式。1997 年写成的"先验艺术论"，笔者进一步将艺术定义为"人的彼岸化的生命情感的象征性形式"。在对象上，艺术因生成人的彼岸化的生命情感而区别于以此岸化的生命情感为对象的伦理；在语言上，艺术以感觉性象征为规定性；在使命上，艺术生成人生的形式而非形上的人生观念、非宗教的人生信仰。基于这种艺术观，笔者踏上了以批评为事业的人生。

如果你从一个哲学家的文稿中读出了他真实的年龄，他就不是一个优秀的哲学家；如果你从他的文稿中对于他所处的时代一无所知，他就不是一个伟大的哲学家。

不难看出，在 1997 年提出"体验宗教论"之前，笔者并没有对宗教这种精神样式给出一个类似上面的关于形上、艺术的系统性的预备性思考。其可能的原因，应当是在 20 世纪 80 年代受物质主义的思维方式太深影响。这种状况，因着笔者 1991 年左右对魏晋历史的研究、1993 年对日本历史的逻辑的研究而改变。《日本历史的逻辑》，还将日本历史的信仰逻辑与其时间逻辑、正义逻辑、语言逻辑并置讨论。其实，在终极意义上，任何历史都是终极信仰本身或某种次终极信仰的呈现。因此，没有对于人神关系之宗教的理解，就不可能有对于历史乃至任何文化现象的深度理解与诠释。这或许是物质主义者对人、对社会、对历史的诠释显得肤浅的根源。

5 月 23 日，笔者修订完成《历史与逻辑——逻辑历史学引论》。其后至 6 月 16 日，在编辑《人文艺术》第 19 辑的同时，着手修订本书。但是，大部分工作，还是在这 36 天完成的。昨天读到"1991 年形而上学纲要"中"反存原则与反存现象"一段时，因着相隔 29 年的时段而难以具体地把握部分内容。这正好说明人作为受造物的绝对有限性，不仅他的生命理智的理解力有限，而且他的生命情感的感觉力、他的生命意志的实践力也有限。正因为如此，人才产生了追求不朽的渴望与永生的盼望！

毕竟，"在所有的生物中，只有人能思考永恒，能感恩、能赞美。"[1]

2020 年 7 月 22 日于澳深古镇夏雨霏霏中

---

1 张文亮：《因为有爱，才有这个科系》，北京：华文出版社，2015 年，第 132 页。

《基督教文化研究丛书》

主编：何光沪、高师宁

（1-7 编书目）

初　编 （2015 年 3 月出版）

ISBN：978-986-404-209-8　　　　　　　　定价（台币）$28,000 元

册　次	作　者	书　名	学科别（／表示跨学科）
第 1 册	刘 平	灵殇：基督教与中国现代性危机	社会学／神学
第 2 册	刘 平	道在瓦器：裸露的公共广场上的呼告——书评自选集	综合
第 3 册	吕绍勋	查尔斯·泰勒与世俗化理论	历史／宗教学
第 4 册	陈 果	黑格尔“辩证法”的真正起点和秘密——青年时期黑格尔哲学思想的发展（1785 年至 1800 年）	哲学
第 5 册	冷 欣	启示与历史——潘能伯格系统神学的哲理根基	哲学／神学
第 6 册	徐 凯	信仰下的生活与认知——伊洛地区农村基督教信徒的文化社会心理研究（上）	社会学
第 7 册	徐 凯	信仰下的生活与认知——伊洛地区农村基督教信徒的文化社会心理研究（下）	
第 8 册	孙晨荟	谷中百合——傈僳族与大花苗基督教音乐文化研究（上）	基督教音乐
第 9 册	孙晨荟	谷中百合——傈僳族与大花苗基督教音乐文化研究（下）	
第 10 册	王 媛	附魔、驱魔与皈信——乡村天主教与民间信仰关系研究	社会学
	蔡圣晗	神谕的再造，一个城市天主教群体中的个体信仰和实践	社会学
	孙晓舒 王修晓	基督徒的内群分化：分类主客体的互动	社会学
第 11 册	秦和平	20 世纪 50－90 年代川滇黔民族地区基督教调适与发展研究（上）	历史
第 12 册	秦和平	20 世纪 50－90 年代川滇黔民族地区基督教调适与发展研究（下）	
第 13 册	侯朝阳	论陀思妥耶夫斯基小说的罪与救赎思想	基督教文学
第 14 册	余 亮	《传道书》的时间观研究	圣经研究
第 15 册	汪正飞	圣约传统与美国宪政的宗教起源	历史／法学

二　编 （2016 年 3 月出版）

ISBN：978-986-404-521-1　　　　　　　定价（台币）$20,000 元

册　次	作　者	书　名	学科别（／表示跨学科）
第 1 册	方　耀	灵魂与自然——汤玛斯·阿奎那自然法思想新探	神学／法学
第 2 册	劉光順	趋向至善——汤玛斯·阿奎那的伦理思想初探	神学／伦理学
第 3 册	潘明德	索洛维约夫宗教哲学思想研究	宗教哲学
第 4 册	孙　毅	转向：走在成圣的路上——加尔文《基督教要义》解读	神学
第 5 册	柏斯丁	追随论证：有神信念的知识辩护	宗教哲学
第 6 册	李向平	宗教交往与公共秩序——中国当代耶佛交往关系的社会学研究	社会学
第 7 册	張文舉	基督教文化论略	综合
第 8 册	趙文娟	侯活士品格伦理与赵紫宸人格伦理的批判性比较	神学伦理学
第 9 册	孙晨薈	雪域圣咏——滇藏川交界地区天主教仪式与音乐研究（增订版）（上）	基督教音乐
第 10 册	孙晨薈	雪域圣咏——滇藏川交界地区天主教仪式与音乐研究（增订版）（下）	基督教音乐
第 11 册	張　欣	天地之间一出戏——20 世纪英国天主教小说	基督教文学

三 编 （2017 年 9 月出版）

ISBN：978-986-485-132-4　　　　　　　　定价（台币）$11,000 元

册 次	作 者	书 名	学科别（／表示跨学科）
第 1 册	赵 琦	回归本真的交往方式——托马斯·阿奎那论友谊	神学／哲学
第 2 册	周兰兰	论维护人性尊严——教宗若望保禄二世的神学人类学研究	神学人类学
第 3 册	熊径知	黑格尔神学思想研究	神学／哲学
第 4 册	邢 梅	《圣经》官话和合本句法研究	圣经研究
第 5 册	肖 超	早期基督教史学探析（西元 1~4 世纪初期）	史学史
第 6 册	段知壮	宗教自由的界定性研究	宗教学／法学

四 编 （2018 年 9 月出版）

ISBN：978-986-485-490-5　　　　　　　　定价（台币）$18,000 元

册 次	作 者	书 名	学科别（／表示跨学科）
第 1 册	陈卫真 高 山	基督、圣灵、人——加尔文神学中的思辨与修辞	神学
第 2 册	林庆华	当代西方天主教相称主义伦理学研究	神学／伦理学
第 3 册	田燕妮	同为异国传教人：近代在华新教传教士与天主教传教士关系研究（1807～1941）	历史
第 4 册	张德明	基督教与华北社会研究（1927～1937）（上）	社会学
第 5 册	张德明	基督教与华北社会研究（1927～1937）（下）	
第 6 册	孙晨荟	天音北韵——华北地区天主教音乐研究（上）	基督教音乐
第 7 册	孙晨荟	天音北韵——华北地区天主教音乐研究（下）	
第 8 册	董丽慧	西洋图像的中式转译：十六十七世纪中国基督教图像研究	基督教艺术
第 9 册	张 欣	耶稣作为明镜——20 世纪欧美耶稣小说	基督教文学

五　编　（2019 年 9 月出版）

ISBN：978-986-485-809-5　　　　　定价（台币）$20,000 元

册　次	作　者	书　名	学科别（／表示跨学科）
第 1 册	王玉鹏	纽曼的启示理解（上）	神学
第 2 册	王玉鹏	纽曼的启示理解（下）	
第 3 册	原海成	历史、理性与信仰——克尔凯郭尔的绝对悖论思想研究	哲学
第 4 册	郭世聪	儒耶价值教育比较研究——以香港为语境	宗教比较
第 5 册	刘念业	近代在华新教传教士早期的圣经汉译活动研究（1807～1862）	历史
第 6 册	鲁静如 王宜强 编著	溺女、育婴与晚清教案研究资料汇编（上）	资料汇编
第 7 册	鲁静如 王宜强 编著	溺女、育婴与晚清教案研究资料汇编（下）	
第 8 册	翟风俭	中国基督宗教音乐史（1949 年前）（上）	基督教音乐
第 9 册	翟风俭	中国基督宗教音乐史（1949 年前）（下）	

六　编　（2020 年 3 月出版）

ISBN：978-986-518-085-0　　　　　定价（台币）$20,000 元

册　次	作　者	书　名	学科别（／表示跨学科）
第 1 册	陈倩	《大乘起信论》与佛耶对话	哲学
第 2 册	陈丰盛	近代温州基督教史（上）	历史
第 3 册	陈丰盛	近代温州基督教史（下）	
第 4 册	赵罗英	创造共同的善：中国城市宗教团体的社会资本研究——以 B 市 J 教会为例	人类学
第 5 册	梁振华	灵验与拯救：乡村基督徒的信仰与生活（上）	人类学
第 6 册	梁振华	灵验与拯救：乡村基督徒的信仰与生活（下）	
第 7 册	唐代虎	四川基督教社会服务研究（1877～1949）	人类学
第 8 册	薛媛元	上帝与缪斯的共舞——中国新诗中的基督性（1917～1949）	基督教文学

七　编 （2021 年 3 月出版）

ISBN：978-986-518-381-3　　　　　　　定价（台币）$22,000 元

册　次	作　者	书　名	学科别（／表示跨学科）
第 1 册	刘锦玲	爱德华兹的基督教德性观研究	基督教伦理学
第 2 册	黄冠乔	保尔·克洛岱尔天主教戏剧中的佛教影响研究	宗教比较
第 3 册	宾静	清代禁教时期华籍天主教徒的传教活动（1721～1846）（上）	基督教历史
第 4 册	宾静	清代禁教时期华籍天主教徒的传教活动（1721～1846）（下）	
第 5 册	赵建玲	基督教"山东复兴"运动研究（1927～1937）（上）	基督教历史
第 6 册	赵建玲	基督教"山东复兴"运动研究（1927～1937）（下）	
第 7 册	周浪	由俗入圣：教会权力实践视角下乡村基督徒的宗教虔诚及成长	基督教社会学
第 8 册	查常平	人文学的文化逻辑——形上、艺术、宗教、美学之比较（修订本）（上）	基督教艺术
第 9 册	查常平	人文学的文化逻辑——形上、艺术、宗教、美学之比较（修订本）（下）	